KB097767

교양의 힘

20 SAI NO JIBUN NI TSUTAETAI CHITEKI SEIKATSU NO SUSUME
Copyright © 2022 by TAKASHI SAITO
All rights reserved.
Original Japanese edition published by SB Creative Corp.

Korean translation rights © 2022 by UKNOWCONTENTS GROUP Co., Ltd.
Korean translation rights arranged with SB Creative Corp., Tokyo
through EntersKorea Co., Ltd. Seoul, Korea

이 책의 한국어판 저작권은 (주)엔터스코리아를 통해
저작권자와 독점 계약한 유노콘텐츠그룹에 있습니다.
저작권법에 의하여 한국 내에서 보호를 받는 저작물이므로
무단전재와 무단복제를 금합니다.

말, 태도, 생각을 품위 있게 바꾸는 법

교양의 힘

사이토 다카시 지음

김한나 옮김

부가 있으면
남에게 호의를 베풀 수 있지만
품위와 예의를 갖춰 베푸는 데는
부 이상의 것이 필요하다.

————

찰스 칼렙 콜튼 Charles Caleb Colton

인생을 창조적이고
열정적으로 바꾸는 지적 생활의 힘

"여러분 앞에는 두 개의 갈림길이 있습니다. 하나는 교양인의 길, 다른 하나는 교양과 무관한 길입니다. 어느 쪽으로 가겠습니까?"

교수인 내가 매 학기 첫 수업마다 학생들에게 반드시 하는 질문이다. 이 책을 읽는 사람이라면 분명히 교양인의 길을 가고 싶다고 생각할 것이다.

그렇다면 혹시 교양인의 길, 혹은 지적인 생활이라는 말을 들으면 다음과 같은 생활을 상상하는가?

□ 작가가 집필에 집중하는 생활

□ 대학교수가 연구에 몰두하는 생활

□ 예술가가 창작에 열중하는 생활

이 책에서 말하는 교양인의 생활은 위와 같이 일부 전문적인 직업을 가진 사람만 할 수 있는 것이 아니다. 진짜 교양 있는 생활은 모든 사람이 실천할 수 있는 생활이다. 이 책을 읽는 모든 독자가 교양인의 삶, 즉 지성을 중시하는 삶이 멋지다는 사실을 실감했으면 한다. 내가 교양 있고 지적인 생활을 추천하는 이유도 지성이 '잘 살기 위한 능력'이기 때문이다.

여기에서 말하는 지성이란 단순히 지식이 넓고 아는 것이 많다는 걸 의미하지 않는다. 지식과 지성은 밀접한 관계가 있기는 하지만 반드시 똑같은 관계는 아니다.

내가 졸업한 도쿄대학교는 대체로 지식이 풍부한 사람들이 모인 대학이라서 깜짝 놀랄 정도로 공부를 열심히 하는 사람이 많다. 하지만 도서관에서 시험공부를 하거나 탐독하는 사람 중에는 옆에서 보기에도 탁한 공기를 뿜어내거나, 실제로 대화했을 때 표정이 어두운 사람이 꽤 많았다. 방대한 책을 읽어서 수준 높은 지식을 얻었다고 해도 이런 모습은 내가 생각하는 교양인의 이미지와 일치하지 않는다.

내가 생각하는 교양인의 삶은 좀 더 활기차고, 책을 읽을수록 활력을 얻는 삶이다. 또한 독서뿐만 아니라 모든 정보를 마치 광활한 숲속을 뛰어다니며 사냥감을 잡는 것처럼 수집하는 수렵생활자와 같은 삶이다.

예를 들어, 좋아하는 영화감독의 신작이 지방의 영화관에서만 개봉한다면 하루를 들여서 보러 가겠다는 열정이 생긴다. 또 자신에게 자극을 줄 만한 정보에 대해 늘 안테나를 곤두세우고 다음에는 어떤 책을 읽을까, 어떤 작품을 접할까 눈을 번뜩이며 사방을 두리번거린다.

이렇게 자신에게 새로운 자극을 줄 만한 것을 뭐든지 탐욕스럽게 받아들이려는 능동적인 삶의 자세야말로 진정한 의미의 교양인의 삶이다. 자신의 마음을 스스로 움직이지 않고 남이 준 것만 받아들이는 수동적인 자세는 본인도 사는 재미가 없을 것이고 옆에서 봐도 정말로 지적인 정보를 받아들이는 것처럼 보이지 않는다.

니체도 주요 저서 중 하나인 《차라투스트라는 이렇게 말했다》에서 주인공 차라투스트라를 통해 이렇게 말했다.

"자, 기분을 내게!" (중략) 전쟁과 축제를 즐기는 자여야 하며, 음울한 자나 몽상가가 아닌 자로서, 아무리 어려운 일도 마치 축제를 기다리는 것처럼 대범하게 받아들이는 건강하고 온건한 자여야 한다.

예전부터 나는 교양과 지성은 갖출수록 더욱더 창조적으로 변화하고 기분 좋은 정신을 가져다주는 존재라고 확신했다.

받아들이는 자세뿐만이 아니다. 받아들이기만 하고 전달하지 않는 사람, 즉 지식을 축적하기만 하고 이를 창작의 자원으로 사용하지 않는 사람도 교양인이라고는 할 수 없다. 심지어 현대는 옛날에 비해 어떤 장르의 창작이라도 훨씬 쉽게 할 수 있는 시대다!

인터넷이 없던 시절의 문학청년들은 시와 소설, 비평 등을 세상에 발표하려면 잡지에 싣든가 직접 동인지를 발행해야 했다. 독립영화를 제작하는 경우에도 8mm 필름 카메라를 갖춰서 촬영하고, 다 찍은 필름을 현상한 후 편집 기재를 사용해 물리적으로 자르고 붙여야 했다. 또 작품을 많은 사람에게 보여주고 싶으면 대회에서 상을 타거나 장소를 빌려서 직접 상영회를 열어야 했다.

지금은 글이든 동영상이든 음악이든 블로그나 SNS, 동영상 사이트 등을 통해서 전 세계에 발표할 수 있다. 또한 영화와 음악을 제작하는 과정도 스마트폰이나 컴퓨터가 있으면 대부분의 작업을 스스로 완성할 수 있다.

그러한 환경에 있으면 교양인일수록 자신도 뭔가를 세상에 알리고 싶지 않을까? 이런 사람들은 창조적인 무언가를 받아들이는 것에서 만족하지 않고 다른 사람에게 알리는 것을 전제로 새로운 것을 받아들인다. 또, 이런 자세가 현대적인 교양 생활일 것이다.

실제로 내가 지금까지 만난 교양인들, 특히 추억에 남고 진심으로 함께하기를 잘했다고 생각하는 지적인 사람들은 예외 없이 그러한 전달의 쾌락에 몸과 마음이 푹 빠진 사람들이었다. 한 기획에 대해 10가지, 20가지씩 아이디어를 내거나, 질문 하나에 몇 시간이나 구체적인 에피소드를 섞어 가며 대답하는 등이 대표적인 예이다. 이렇게 창조적인 뭔가를 만들어 내는 쾌락으로 자신의 인생을 점점 즐겁게 하는 것이 교양인이자 지적 생활자의 특권이다.

여기서 타인에게 전달해야 하는 것들은 '작품'이라고 할 수 있을 만한 것이 아니라도 상관없다. 단순한 이야기의 전달이어도 좋다. 세상에는 분명히 엄청 많은 책을 읽었는데도 이야기가 재미없는 사람이 있다. 이래서는 애써 받아들인 지식이 아깝다.

굳이 작품이라는 형태로 만들지 않더라도 일상적인 정보를 활용해서 친구나 지인과 재미있고 흥미로운 대화를 나눌 수 있다면 그것만으로도 인생은 매우 빛날 것이다.

2020년 신종 코로나 바이러스 감염증이 퍼진 이후 새로운 생활 양식이라는 말을 자주 사용하게 되었다. 교육 현장에서 휴교와 원격 수업 등에 대처하느라 학업을 향한 의욕을 잃은 학생들의 모습도 많이 봤다. 생활에 많은 제약이 있는 요즘 같은 때에도 우울한 일상을 보내기보다 지적인 생활을 즐겼으면 하는 마음에 이 책을 썼다.

나는 전부터 미션mission, 패션passion, 하이텐션high tension(흥분하다, 신나다는 의미의 일본식 영어—옮긴이), 즉 사명감(미션)을 느껴서 열정(패션)을 갖고 흥겹게(하이텐션) 사는 것이 즐거운 인생을 보내는 비결이라고 주장해 왔다. 지금까지 교양이라는 말에서 열정이 느껴지는 경우는 거의 없었을지도 모른다. 하지만 원래부터 지성과 기대감은 떼려야 뗄 수 없는 관계에 있었다.

미지의 존재에 대해 순수하게 놀라고, 재미있는 것에는 진심으로 큰 웃음이 난다. 훌륭한 일을 한 사람을 칭찬하고 자신의 지식 전달도 칭찬받는다. 이 모든 것을 위해서 필요한 것이 바로 '교양'이다. 활기 넘치면서 지적인 교양인의 삶을 다함께 지향해 보자.

차례

1장. 왜 교양이 필요한가?

디지털 시대에 교양을 쌓는 일

4장. 사람은 사람을 따라간다

교양을 키우는 방법 2 | 인간관계

5장. 결과물이 없으면 시간 낭비다

교양을 키우는 방법 3 | 창작

부록. 일본 최고의 교양인이 되기까지
베스트셀러 작가의 교양 쌓기

왜 교양이
필요한가?

디지털 시대에 교양을 쌓는 일

- 우월한 유전자보다 후천적으로 쌓는 교양이 더 중요하다.

- 깊이 있는 인격을 만들려면 먼저 지적인 생활 습관을 만들어야 한다.

- 지성으로 평가나 불만을 뛰어넘겠다는 정신이 필요하다.

매너는 있지만
용기는 부족해진 현대인들

과거와 비교해 보면 교양에 대한 사회적인 시선이 많이 달라졌다. 나는 교양을 무시하거나 경시하는 풍조가 점점 강해진다고 느낀다. 이런 시대의 분위기는 확실히 개인의 생활에도 영향을 미쳤다.

이런 말이 누군가에게는 '틀려먹었다'고 설교하는 것처럼 느껴질 수도 있겠다. 하지만 그런 의도는 전혀 아니다. 이런 말은 어느 시대나 존재하는 상투적인 말일 뿐이고, 실상은 그 이상으로 현대의 사람들이 우수한 것을 몸소 느끼고 있다.

내가 가르치는 학생들을 보면 센스가 좋은 데다 정보 처리도 빠르고 정확하다. 매우 수준 높은 과제를 내더라도 큰 어려움

없이 대응한다. 그 덕에 내 수업 내용도 해마다 수준이 높아지고 있다. 디지털 네이티브라는 신조어처럼, 디지털 기기의 발전과 더불어 젊을수록 두뇌가 점점 예리해지고 있는 듯하다.

40년 전과 현대의 사람들을 비교하면 무엇보다 '매너 있는 태도'에서 큰 차이를 느낀다. 요즘 사람들은 옛날에 비해 정말로 품위 있다. 기본적으로 남에게 실례되는 말을 하지 않으며, 일상 매너나 상황에 맞는 행동과 옷차림 등을 매우 자연스럽게 터득한다. 한마디로 말하자면 엄청 문명화되었다.

공중화장실이 깨끗해진 것도 문명화의 상징일지 모른다. 1920년대에서 1980년대 후반 정도를 그리워하며 '옛날이 좋았다, 그때로 돌아갈 수 있다면 돌아가고 싶다'고 생각하는 사람이 있다면 조금 냉정하게 그 시대의 공중화장실을 떠올려 보기 바란다. 지금도 그런 화장실을 사용할 기분이 드는가? 그 정도로 옛날 화장실은 매우 불결했으나 현대에는 어디에 가도 몰라볼 정도로 화장실이 청결해졌다.

시대라는 것은 바뀔수록 정돈되는 방향으로 흐른다. 이는 인간도 예외는 아닐 것이다. 이를테면 전철 안에서 각종 민폐 행위를 하거나, 만취해서 역무원에게 행패를 부리거나, 눈앞의 다른 승객에게 트집을 잡으며 호통을 치는 사람은 대부분이 중년 이상의 남성이다. 코로나 19가 유행하는 와중에도 종종 젊

은 사람들이 번화가에 모였다는 비판적인 뉴스가 보도되고는
했는데 가만히 따져 보았을 때 대대적인 모임을 한 사람은 중
장년이 더 많았다.

물론 현대의 사람들에 대해서도 걱정스러운 점은 있다. 예전
에 비해 훨씬 고상해지고 우수해진 것은 매우 좋은 일이다. 하
지만 그와 반대로 점점 멘탈이 약해지는 것처럼 보이는 점이
마음에 걸린다. 사소한 일로 충격을 받거나, 그것을 계속 떨쳐
내지 못하는 사람도 해마다 늘고 있다. 사이좋은 사람들끼리
만 뭉치므로 교우관계도 폐쇄적이다. 좋아하는 취미에만 관심
이 있어서 세상이 넓어지지 않는다. 집단 안에서 이질감을 느
끼면 배제하려고 한다. 이러한 원인을 집약하면 '용기가 부족
하다'고 보이기도 한다.

이는 실생활에도 악영향을 미친다. 예를 들어 능력은 높은데
자신감이 없어서 대답이 모호하거나 자신을 잘 어필하지 못해
서 아무리 애써도 면접에서 떨어지는 사람이 있다. 그런 유형
의 사람은 연애할 때도 역시 용기가 없는 탓에 손해를 보는 경
향이 있다.

공자의 유명한 격언 중에 '지혜로운 사람은 미혹되지 않고
어진 사람은 근심하지 않고 용감한 사람은 두려워하지 않는다
(지자불혹 인자불우 용자불구 知者不惑 仁者不憂 勇者不懼)'라는 말이 있

다. 인간에게 가장 중요하다고 하는 지知, 인仁, 용勇의 3덕 중 요즘 사람들은 '지'에 관해서는 연마하면 빛날 수 있다고 보이고, '인', 즉 친절함에 관해서도 충분하다.

하지만 '용기'는 대체로 부족하다는 느낌이 든다. 그 때문에 어떻게 보면 개성이 없다는 인상도 주는 것처럼 보인다.

인격에 깊이를 더하던
문화의 실종

기억을 더듬어 보면 내 조부모와 같은 세대인 19세기 후반에서 20세기 초에 태어난 사람들은 지금에 비해 매우 개성적이었다는 느낌이 든다. 지금은 80대가 넘은 사람들도 혼란한 사회적, 국가적 상황을 경험한 만큼 투박한 개성을 갖고 있었다.

옛날 영화와 요즘 영화를 비교해 보면 특히 그렇게 느껴질 때가 많다. 외모나 섬세한 연기력이라는 점에서는 현대의 배우들도 훌륭하다. 하지만 단순히 존재감만 놓고 비교해 보면 과거의 유명 배우들에게는 좀처럼 맞붙을 수 없는 무언가가 더 있는 것처럼 느껴진다.

현대 영화나 드라마에서는 주연으로 외모가 뛰어난 사람만

캐스팅하는 경향이 옛날보다 더 강해졌다. 이는 분명히 TV든 영화든 배우들의 외모 외에는 관객과 시청자의 시선을 끌어당길 만한 존재감을 나타내는 것이 어려워졌기 때문이다.

옛날 영화에는 외모가 단정하고 아름답지 않더라도 중후한 존재감으로 관객의 시선을 고정시키는 배우가 많았다. 그 시대에는 배우가 아닌 일반인을 불러와서 카메라 앞에 가만히 세워 두어도 멋있는 사람들도 있었다.

어쩌면 현대인은 이전 세대보다 존재감이 더 얄팍해졌는지도 모른다. 이는 단순히 겉으로 본 모습의 문제로 끝나지 않고 행동으로도 나타난다. 이는 개개인의 문제로 쉽게 해결할 수 있는 이야기가 아니다.

현대인도 저마다 내면세계를 가지고 있으므로 개개인의 마음속으로 들어가면 섬세한 감정이 있을 것이다. 그럼 왜 외부의 시선에 노출되면 얄팍하게 느껴지는 것일까? 그 이유는 현대인의 내면세계가 그 사람의 기질만으로 구성되어 있기 때문일 것이다. 그 기질을 뒷받침하는 토대와 기둥, 들보에 해당하는 것이 보이지 않는다.

1980년대 후반까지는 근세 이전부터 계속 축적되어 온 신체문화와 정신문화를 인격의 토대, 들보, 기둥으로 활용했다. 일본의 무사 문화를 생각해 보자. 무사는 자신의 인격을 수양하는 데 유리했다. 미야모토 무사시(16~17세기에 활동한 일본의 전설적인 검객으로 《오륜서》라는 병법서를 남긴 인물―옮긴이) 같은 수준은 아니더라도 검술과 활, 말 다루는 기술의 일상적인 훈련을 통해서 신체적인 지성을 쌓을 수 있었다.

1716년 무렵 무사의 마음가짐에 대해 설명한 《하가쿠레》라는 책을 보면 '무사도란 죽음을 깨닫는 것이다'라는 유명한 구절이 나온다. 철이 들었을 때부터 죽음을 자신의 삶과 서로 이웃하는 존재라고 의식하며 살아가는 정신문화를 주입식으로 배우는 것이다.

이를 일상생활에서 하는 인격 수련으로 받아들여서, 무사들은 그들 개인의 기질이 어떻든 간에 성장함에 따라 깊이 있는 인격을 갖출 수 있었다. 다시 말해 각 무사들의 인격은 개인의 자질이 아니라 무사 문화에 따라 형성된 것이다.

그에 비해 현대에는 근대화에 따라 생긴 가치관의 전환으로 과거의 신체문화, 정신문화를 계승받는 데 지장이 있었기 때문에 개인의 자질만으로 승부해야 했다. 이래서는 인격까지 얄팍해 보이는 것도 어쩔 수 없다.

인격에 깊이를 만들어 내려면 현대인도 신체의 문화, 정신의 문화를 흡수할 수 있는 지적인 생활 습관을 만들어야 한다.

교양을
타고나는 사람은 없다

요즘의 유전자 지상주의는 이러한 정신문화의 쇠퇴가 초래한 필연적인 결과인 것처럼 느껴진다. 2021 일본에서는 신조어, 유행어 대상 Top 10에 '부모 뽑기(한국의 흙수저, 금수저와 비슷한 개념—옮긴이)'라는 말이 선정되었다. 이처럼 현대는 젊은 사람이든 늙은 사람이든, 어중이떠중이든 사람이 타고난 유전자를 과대평가하지 않는가?

예를 들어 쌍꺼풀이 있다 없다, 얼굴이 크다 작다, 다리가 길다 짧다 하는 인간의 신체적인 특징은 대부분 유전자에 따라 결정된다. 이러한 가치관만이 절대적이라면 인생의 승패는 태어난 시점에서 이미 정해진 것이 되고 만다.

흔히 외모가 뛰어난 연예인 부부 사이에 아기가 태어났다는 소식이 들리면 SNS 등에 '이 아이는 미인이겠네', '이제 평생 편하게 살겠다'와 같은 글이 올라온다. 글을 쓴 당사자는 축복하는 마음이겠지만 나는 이러한 글을 볼 때마다 안타까운 마음이 든다.

인간은 누구나 아름다움을 동경해서 다른 사람의 아름다움을 부러워하거나 자신도 아름다워지고 싶어 하는 마음이 있다. 그러나 이는 결국 인간이 타고난 유전자에 우열이 있고 그것이 문제가 된다는 뜻이다. 이런 가치관에 사로잡히면 더 이상 인간으로서의 진보는 없다고 생각한다. 이런 것을 '품위가 없는' 행위로 보고 경계해야 하지 않을까?

LGBTQ(레즈비언Lesbian, 게이Gay, 양성애자Bisexual, 트랜스젠더 Transgender, 성적 지향에 의문을 품은 사람Questioner을 합하여 부르는 단어—옮긴이)나 SDGsSustainable Development Goals(지속 가능한 발전 목표—옮긴이) 같은 개념을 제안하며 다양성을 중요시하고 차별을 없애자고 주장하기 시작한 '고상하게 정돈된 문명화'의 또 다른 면에는 이런 이중 제국주의(내가 만든 신조어다)가 활개를 치고 있다.

나도 쌍꺼풀은 없지만 내 외꺼풀을 두 겹으로 하려는 발상조차 한 적이 없다. 하지만 지금은 누구나 쌍꺼풀을 만들고 싶어

하는 시대다. 인류의 문명이 이토록 발달했는데도 오히려 누구나 유전자에 대해서만 말하게 된 시대가 매우 유감스럽다. 유전자는 선천적인 것임에도 외적인 아름다움에만 지나치게 관심이 쏠리면 지적인 면에서 노력한 보람이 사라지고 만다.

그러나 교양이나 지성은 반드시 유전자로 규정되지 않는다. 선천적으로 지능 지수가 높은 사람이라도 공부하지 않으면 학교 성적은 오르지 않는다. 머리가 아무리 좋아도 책을 읽시 않으면 교양은 익힐 수 없다. 교양을 타고나는 아기는 없다.

그런 의미에서 교양과 인간 교양의 축적인 문화는 둘 다 압도적으로 후천적이다. 즉 문화라는 것은 유전자 지상주의적인 가치관과는 원래 양립할 수 없으며 유전자 지상주의가 지나치게 활개를 치는 세상에서는 문화도 자라지 않는다. 어쩌면 현대사회는 이미 '유전자 vs. 문화'의 대립에서 유전자가 우세한 시대가 되었을지도 모른다.

옛날 교양인들은
우아하게 연애했다

추녀라는 말은 예전에는 여성에게만 쓰이던 말이었다. 그런데 최근에는 남성에게도 추남이라는 말을 사용한다. 여성을 중심으로 경멸하며 일컫던 말이 남성에게도 쓰이게 된 것은 남녀평등의 의미에서는 재미있는 현상일지 모른다. 하지만 한편으로는 남성에게도 화장하고 성형을 하는 등 성별에 상관없이 외적인 아름다움을 요구하는 현대의 가치관을 반영하는 현상인 듯하다.

만약 외적인 아름다움보다 교양에 더 큰 무게를 둔 가치관이 정착한 사회라면 남성이든 여성이든 앞다투어 교양을 익히려고 할 것이다. 한때 실제로 그런 시대도 있었다.

8세기에서 12세기는 사진이 없는 시대였기 때문에 사람이 사랑에 빠지는 기준은 얼굴이 아니었다. 오히려 얼굴도 모르는 사람이 보낸 기교 있는 시나 낭만적인 연애편지를 보며 마음을 받아들였고, 밀회할 때도 불빛이 없는 어두운 밤에 서로의 얼굴도 보이지 않는 가운데 그대로 관계를 맺는 일도 있었다고 한다.

그 시대의 인기는 시나 편지를 잘 주고받을 수 있을 만한 교양을 가졌느냐가 가장 중요한 평가 항목이었다. 그런 조건이 있었기에 그 시대 귀족들은 노력해서 다른 나라의 교양까지 익히며 우아한 교양인이 되려고 필사적이었다. 당시 교양의 토대가 된 가사집 등을 읽으면 그 시대의 문화 수준을 알 수 있다.

현대인이 교양을 그다지 열심히 익히지 않는 이유는 인간을 평가하는 척도로써 교양이 가진 가치가 옛날보다 대폭 떨어지고, 그 대신에 외모나 경제력에 가치를 두는 비중이 높아진 영향이 클지도 모른다.

외적인 아름다움보다 중요한
내적인 아름다움

앞에서 요즘 사람들의 멘탈이 약하고 용기가 없는 것처럼 느껴진다고 말했다. 거기에는 유전자 지상주의가 영향을 주었다고 생각한다.

예전에는 특별히 멋진 남성이나 외모가 빼어난 미녀가 아니더라도 대부분의 사람이 결혼했다. 통계에 따르면 1970년 일본에는 평생에 한 번 이상 결혼하는 사람의 비율이 90퍼센트 정도였고, 남성의 평생 미혼율은 1.7퍼센트였다. 그런데 2020년은 남성의 평생 미혼율이 25.7퍼센트, 여성은 16.4퍼센트나 된다. 물론 지금은 결혼하지 않을 자유도 있고, 이혼도 예전보다 자유롭게 할 수 있기 때문에 지금이 더 좋다는 관점도 있다.

경제적인 이유도 있고 말이다.

하지만 결혼 문제와는 달리 연애도 하고 싶어 하지 않는가 하면 반드시 그렇지도 않다. 압도적 다수는 누군가와 사귀고 싶다는 바람을 가진 것처럼 보인다. 그럼에도 현실적으로 연애는 어느 정도 외모가 뛰어난 남녀에게만 허락된 '특권'이라는 감각이 퍼진 것 같기도 하다.

유전자적으로 뛰어나고 외모가 좋은 사람끼리만 연애할 수 있다고 하면 그 외에 외모가 떨어지는 '쓸모없는' 남녀는 서로를 연애 대상으로 보지 않고 경멸하게 될 것이다. 내 눈에는 이것이 현대에서 연애 부적합자라는 낙인이 찍힌 사람끼리 서로의 유전자를 증오하는 구도로 보인다. 서로에게 그런 낙인을 찍는 사회는 괴롭다.

결혼하지 않을 자유라는 말은 좋지만 실제로는 서로의 가치 기준이 외모에 치중된 나머지 선택권조차 없는 경우도 있지 않을까? 이래서는 너무 비뚤어져서 많은 사람이 행복을 느끼기 어려워진다. 연애할 수 없는 자신에게 애타하고 "나는 어차피 인기가 없어서 안 돼"라며 지나치게 낮은 자존감으로 고민하게 된다.

내가 외적인 아름다움에 중점을 둔 가치관을 문제로 보는 또 하나의 이유는 현대의 미의 기준이 서양의 백인에 치우쳤다는 데 있다. 백인적인 아름다움을 최고라고 한다면 동양인은 그와 동떨어진 존재가 될 것이다.

미의 기준으로써의 인종 문제는 생각하기 시작하면 꽤 뿌리 깊다. 이를테면 여성의 미를 '투명한 느낌이 있다'고 표현할 때가 있는데, 이 말을 흑인 여성에게 쓰는 경우는 별로 없다. 우리가 이 말을 사용할 때 백인의 투명한 흰 피부를 미의 기준으로 가정하기 때문이다.

이러한 백인적인 미를 가장 아름답다고 평가하는 세상에서 대부분 동양인은 서양에 대한 열등감을 가진 채로 일생을 끝내야 한다. 이토록 문명이 진행되고 세상 전체가 차별을 없애려고 하는 시대에 언제까지 묘한 열등감에 사로잡혀야 할까?

인생은 유한한데 본인의 노력으로 바꿀 수 없는 유전자로 사람의 서열을 결정하기만 하고 끝나면 너무나도 비참하다. 외꺼풀인 사람이 인생의 마지막 날에 '나는 외꺼풀로 태어난 탓에 불행한 인생을 보냈어. 쌍꺼풀로 태어났으면 좋았을 텐데'라고 생각하면서 죽으면 너무나도 서글픈 인생이다.

적어도 나는 내 주위 사람들이 그런 삶을 살지 않았으면 한다. 그런 일로 고민하기보다 책을 많이 읽고 교양을 많이 익혀서 좋아하는 음악이나 미술을 접한 만족감으로 인생이 가득 차기를 바란다. 그리고 마지막 날에는 '아, 이 세상은 풍부한 문화가 있어서 좋은 세계였어'라고 생각하며 죽음을 맞이했으면 좋겠다. 지적 생활을 하는 의의는 거기에 있다. 나는 문화를 중시하면 사람을 구할 수 있다고 생각한다.

인기가 있고 없고의 기준이 외적인 좋고 나쁨에도 있는 것은 사실이다. 하지만 그러한 가치관에 휘둘리는 사회보다 교양과 지성이 있는 사람을 매력적이라고 생각하는 사회가 훨씬 더 즐거울 것이다.

그것이야말로 동양인의 외모를 하위에 두는 가치 기준에서 우리를 해방시키고 이길 가망이 없는 무익한 싸움에서 빠져나가기 위한 힌트일 것이다.

이해력은
사랑을 초월한다

세상은 흔히 사랑이 중요하다고 말한다. 그러나 나는 사랑이 연애뿐만 아니라 박애적인 사랑도 포함해서 오히려 불안정한 존재라고 생각한다. 그보다 중요한 것은 이해력이 아닐까? 사랑은 식기도 하지만 이해는 시간의 흐름을 거쳐 더욱더 깊어져서 시간이 지났다고 식거나 얄팍해지지 않는다. 또 이해력이 있는 사람은 안정적이다.

사랑을 중시하는 사람은 사랑할 수 없는 상대에 대해 증오가 격해지거나 무시하게 된다. 그러나 이해하는 사람이나 이해하려고 하는 사람은 사랑할 수 없는 상대에 대해서도 다른 방법으로 마주할 수 있다. 그래서 나는 사람을 좋아하게 되는 이유로 이해력이 있는 것을 중시하는 가치관을 가져야 행복해질 수 있다고 생각한다.

유전자 지상주의가 아니라 소통력과 이해력, 공감력 등 '나를 이해해 준다', '서로 이해할 수 있다'고 느낄 만한 기준을 세워서 대인관계의 선택의 폭을 넓히면 좋겠다고 간절히 바란다. 또 이해는 궁합이나 취미, 매사에 대한 호불호, 사상이나 신조의 차이까지 초월하기도 한다.

나는 지금까지 몇 천 명이 넘는 학생을 가르쳤는데 각 학생들에 대해 호불호가 없어서 어느 학생은 좋아하고 어느 학생은 거북한 일이 없었다. 그저 모두를 이해하기만 하면 된다. 그런 의미에서 이해력이 있는 사람이 이 세상에 늘어날수록 궁합이 잘 맞는 조합도 늘어날 것이다.

유전자적인 요소를 신경 써서 사랑받지 못하거나 사랑할 수 없는 것에 고민하기보다 이해력을 연마해서 사람들과 마주하기 바란다.

평가 사회를 뛰어넘는
지성이 필요하다

유전자 지상주의적인 가치관이 만연함과 동시에 평가 사회화도 사람들을 괴롭힌다. 현대인에게 용기가 부족한 원인은 거기에도 있지 않을까?

지금은 뭐든지 매우 엄격하게 '평가'를 하는 시대이다. 예를 들어 대학 입학에서 내신이 중요해지면 고등학생은 날마다 수업을 진지하게 들어야 한다. 과거처럼 시험 점수가 전부일 경우 수업 태도가 나쁘거나 결석이 많더라도 합격하면 대학에 들어갈 수 있는데, 지금은 내신까지 중요하다. 대학에서도 출석 일수를 꼼꼼하게 확인하거나, 제대로 된 과제를 제출하라거나, 학점 취득 요건을 높이는 등 점점 심사가 엄격해졌다.

매우 진지하게 능력을 익힌다는 점에서는 환영할 부분도 있다. 하지만 시스템이 정비되어 점점 정돈된 방향으로 나아가면 여유나 홀가분한 마음이 사라지는 현상이 나타난다. 그런 가운데 사람들과 SNS로 관계를 맺으면서 쓸데없는 놀이나 순수한 대화를 즐기는 시간도 내지 못하면 점점 괴로워진다. 스케줄을 촘촘하게 결정하고 세세하게 평가받는, 그야말로 살아가기 힘든 평가 사회다.

지금의 시대 상황을 중고차 시장에 비유하면 "여기에 흠집이 있다", "여기랑 여기도!"라며 사소한 결점까지 일일이 확인해서 모든 것이 드러나는 것과 같다. 게다가 그것은 AI로 순식간에 평가받게 된다. 머지않아 인간성을 포함해 학력과 수입에서부터 외견적인 유전자 정보까지 평가받는 시대가 올지 모른다.

그렇게 되면 아무래도 남의 눈을 신경 쓰는 겁쟁이가 되고 말 것이다. '이러한 면을 보여 주면 이런 식으로 평가받을 수 있다', '이렇게 평가받으니까 이건 숨겨 놓자' 하고 머리를 굴리는 동안 점점 용기를 갖기 어려워지는 것이 아닐까?

최근에는 TV나 라디오 방송의 제작 현장에서도 불만을 제기하는 정도가 심해서 재미있게 표현하기 어려워졌다는 이야기를 자주한다. 여러 부분을 지적당해서 자체적으로 규제하거나 자숙하는 모양이다.

그러나 그런 와중에도 재미의 가능성을 추구하는 사람은 많다. 내가 출연하는 TV 프로그램 중에 매우 '공격적인' 방송이 있다. 보도 프로그램의 체제를 취하면서도 MC가 게스트로 나온 코미디언에게 "이 프로그램은 짜고 치는 방송이니 맞춰 주세요"라며 대놓고 무리한 요구를 하는 메타적인 시점으로 만들어진 예능 프로그램이다.

"이 프로그램은 미리 짜고 치는 방식으로 이루어집니다"라고 딱 잘라 말하며 장대한 설명으로 프로그램 전체를 성립시킨다. 정말로 어이없는 프로그램인데 그 어이없음이 웃음에 대한 열정으로 바뀌어서 평가나 불만 제기보다 미리 앞서 나가는 지성을 느낄 수 있다.

그런 기획이나 표현을 보면 규제가 강해지는 와중에도 충분히 표현할 수 있어서 누구에게나 열려 있다는 느낌이 든다. '시대의 폐색감'이라고 흔히 말하는데 지성으로 폐색감을 뛰어넘는다는 기개가 점점 더 필요하다.

늘 발전하려는
가치관을 갖자

반복해서 말하지만 나는 유전자보다 교양에 좀 더 가치 기준을 놓기를 바란다. 또 평가를 두려워해서 겁쟁이가 되지 말고 향상심과 향학심을 평생의 원동력으로 삼아 인생을 보내기 바란다.

과거에는 눈꺼풀이 한 겹인가 두 겹인가, 다리가 긴가 짧은가를 문제 삼는 사람은 없었을 것이다. 사회가 과거의 뛰어난 인물을 평가할 때도 '내 나라를 근대적인 자본주의의 나라로 만들고 싶다'는 뜻 같은 걸 중시했을 것이다.

유명한 계몽가 후쿠자와 유키치도 젊었을 때 '다른 누구보다도 네덜란드어 문헌을 잘 읽을 수 있게 되자'며 치열하게 경쟁

했다고 자서전에 썼다. 이런 확고한 뜻과 향학심으로 누군가와 경쟁하며 절차탁마하는 가치관은 매우 건전하다.

배운다는 행위는 선천적인 유전자와는 달리 누구에게나 열려 있다. 문명을 구축하고 사회를 좋게 만드는 것이기도 하다. 아름다움과 추함보다도 향상심과 향학심을 인생의 과제로 삼아야 한다.

과거에는 근대 철학자인 니시다 기타로의 《선善의 연구》가 발매될 때 서점 앞에 줄이 길게 생겼다고 한다. 신형 아이폰이나 좋아하는 게임의 신작이 나와서 줄을 서는 것도 좋지만 책을 사기 위해 줄을 섰던 시대가 다시 한번 오기를 바란다.

배움에 관한
국민적인 갈망이 있던 시대

과거 2차 세계대전 이전의 일본에 사회 전체가 교육, 학습열에 불탔던 시절이 있었다. 무사 계급이 있던 19세기 후반에는 이들뿐만 아니라 상인이나 농민 등 서민 계급에게까지 독서열이 급속하게 퍼졌었다.

19세기 후반에 수백 개나 되는 회사를 세워서 '일본 자본주의의 아버지'로 불린 시부사와 에이치는 현재의 사이타마현의 부유한 농가에서 태어나 어린 시절부터 《사서오경》을 외우는 나날을 보냈다고 한다. 그는 이 소양을 기반으로 훗날 《논어와 주판》을 저술해서 상도덕과 경제 합리성을 공존시키는 것의 중요성을 주장했다. 그 당시에는 그와 같이 지적 수준 높은 농민이 각지에 있었다.

1872년에서 1876년에는 계몽가였던 후쿠자와 유키치가 간행한 《학문의 권장》도 이 밑바탕이 있었기 때문에 베스트셀러가 되었다. 또 이 책을 읽고 영향을 받은 사람들이 "학문을 하고 싶다", "학교에 가고 싶다", "신문을 읽고 싶다"며 더욱더 향학심을 키워서 근대화를 뒷받침했다.

이러한 배움에 대한 전 국민적인 갈망은 일본 이외에서도 볼 수 있다. 20년 전에 중국에 간 내 지인은 사람들이 서점 바닥에 주저앉아서(책을 읽고 싶어서 참을 수 없는데 살 돈이 없기 때문에) 책을 읽는 광경을 자주 봤다고 했다. 그 지인은 "그런 풍경을 일본에서는 더는 볼 수 없어"라며 섭섭한 듯이 말했다.

국가로서의 중국에는 지적할 만한 온갖 문제들이 있지만 확실히 경제적으로는 급성장했다. 그 중심은 아마 20년 전에 서점에 주저앉아 책을 읽던 세대가 담당하고 있을 것이다. 필사적으로 배우는 사람들의 향상심과 에너지는 무시할 수 없다.

활자를 읽느냐 마느냐는 미래 경제와도 관련이 있는 중대한 일이다.

2장

교양은
써먹을 데가 많다

교양이 선사하는 지적 자극의 세계

- 자신의 상상을 초월한 것을 목격했을 때 정신적 고양감이 생긴다.

- 지식이 없으면 창조성도 생기지 않는다.

- 코미디도 '알아야' 웃을 수 있고, 센스도 지성과 무관하지 않다.

- 궁극의 지성에는 신체성이 있다.

뉴턴은 왜
떨어지는 사과를 보고 놀랐을까?

그렇다면 도대체 지성이란 무엇일까? 지성이 있으면 뭐가 좋은 걸까?

지성을 쌓았을 때 가장 큰 이득 중 하나는, 이를 키우면 일상생활의 다양한 국면에서 '놀라는' 경험을 할 수 있다는 점이다. 고대 그리스의 철학자 소크라테스는 그리스어로 놀라움, 경이, 경악을 의미하는 타우마제인thaumazein, 즉 자신의 상상을 초월한 것을 목격했을 때 생기는 정신적 고양감이야말로 모든 지적 요구의 시작이며 철학의 시작이기도 하다고 말했다.

소크라테스의 제자 플라톤은 소크라테스가 다른 사람과의 대화에서 자신의 철학을 논하는 모습을 많이 써서 남겼다. 그

중 하나로 〈지식에 관하여〉라는 부제가 달린 《테아이테토스》라는 책에는 '실로 그 경이의 감정이야말로 지혜를 사랑하고 바라는 자의 감정이기 때문이라네. 다시 말해 철학의 시작은 이뿐이야.'라는 소크라테스의 말이 기록되어 있다.

소크라테스가 설명하는 타우마제인은 '호기심'으로 바꿀 수도 있다. 우리가 잘 알지 못하는 존재를 접하고 깜짝 놀랄 때 거기에는 호기심이 작용한다. 마치 전지에서 뻗어 나온 전선을 전구에 연결하면 빛을 내는 것처럼, 호기심이 활발해질수록 기존에 알던 존재와 미지의 존재 사이에 관련성을 찾아내면서 더 큰 놀라움을 얻을 수 있다.

뉴턴의 사과라는 전설적인 일화는 지성의 '기존에 알던 존재와 다른 존재를 연결하는' 기능을 보여 주는 가장 유명한 사례일 것이다. 뉴턴이 만유인력의 법칙을 발견한 17세기에도 손에 쥐고 있던 펜을 놓으면 밑으로 떨어진다는 사실을 모르는 사람은 없었다. 그러나 뉴턴은 사과나무에서 사과가 떨어진다는 대단치 않은 광경을 직접 봄으로써 '사과는 지면에 떨어지는데 달은 왜 떨어지지 않는가?'라는 근원적인 의문을 느꼈다.

또 사과와 달에는 지구의 인력이 똑같이 작용하는 한편, 달의 경우에는 원심력도 동시에 작용해서 지구 둘레를 계속 돈다는 사실을 간파했다. 과거의 거의 모든 인류가 당연히 봤을 사물이 지면에 떨어진다는 광경을 뉴턴은 지성의 힘으로 장대한 스케일의 천체의 운동과 연결했다.

기존에 알던 지식이 몰랐던 지식과 연결되는 순간 호기심이 충족되면서 다른 무엇과도 바꿀 수 없는 최고의 행복감에 빠질 수 있다. 그 행복감에서 시작해 자신의 호기심을 더 크게 키우고 한층 더 새로운 지식을 접할 수 있는 사람이 정말로 지성이 있는 사람일 것이다.

따라서 지식은 지성과 비슷하면서도 전혀 다른 존재이며, 지성의 토대가 된다. 기존에 알던 지식이 늘어나면 마치 뇌의 시냅스가 증가하듯이 줄줄이 다른 지식과 계속 연결해 나가게 된다.

아이보다
지적인 어른의 호기심이 더 강하다

흔히 아이들을 보고 호기심 덩어리라고 한다. 하지만 반드시 그렇지는 않다고 생각한다. 실제로 나는 대학생뿐만 아니라 어린 아이를 상대로 수업하기도 하는데, 생각보다 반응이 매우 평범한 경우도 많다. 아이는 아직 세상에 물들지 않은 순수한 존재이기 때문에 상식에 사로잡히지 않고 참신한 발상을 떠올릴 수 있다는 말은 기대감이나 과거 미화에서 오는 환상이라고 느낄 때가 있다.

여러 가지 일에 호기심을 느끼고 새로운 발상을 생각해 내는 것은 오히려 많은 지식을 축적한 어른일 때가 많다. '어린 시절의 호기심을 잃었다'고 표현하기도 하는데, 나는 이 말에 위화감을 느낀다.

아이의 경우 놀이에 열중하는 정도는 확실히 어른을 웃돌고, 실력이 향상되는 속도도 어른보다 더 빠를 수 있다. 아이가 어른보다 더 강한 호기심을 보내는 대상이 있는 것도 부정하지 않겠다.

그러나 실뜨기든 요요든 어른이 진심으로 취미나 일로 삼았을 때 그 대상에 쏟는 독창적인 아이디어는 아이에 비할 바가 아니다. 만약 회사의 승진 시험에서 '새로운 요요 기술을 고안하라'는 과제를 받는다면 그 회사의 사원들은 필사적으로 요요를 연습하고 참신한 기술을 수없이 많이 만들어 낼 것이다.

아이디어는 순수하다고 솟아나는 게 아니다. 어린 시절의 나는 순수한 상태로 장기를 수백 번이나 뒀지만 변변한 수를 생각해 내지 못했다. 지식이 없으면 창조성도 나오지 않는다.

교양은 더 잘 즐기고
감동하기 위한 최소조건이다

뉴턴이 사과가 떨어지는 모습을 보고 만유인력의 법칙을 발견한 사례를 보면 그가 사전에 물리 지식을 풍부하게 갖추었기 때문에 이런 법칙도 발견할 수 있었다는 것을 알 수 있다. 이런 이야기를 바탕으로, 인간의 지성을 움직이는 놀라움이나 호기심 등의 에너지는 실제로 이미 일정한 지식을 갖춘 사람일수록 더 강하다는 사실을 알 수 있다. 우리가 예술 작품을 접했을 때 받는 감동도 이와 같다고 할 수 있다.

19세기 프랑스의 화가 클로드 모네가 그린 〈인상, 해돋이〉라는 그림이 있다. 서양미술사를 아는 사람이라면 이 작품이 인상파라는 예술 운동의 유래임을 알 것이다. 그런 작품 배경을 알고 모네 이후의 인상파 화가들이 자연을 표현하기 위해서 얼마나 고심했는지 알면 실제로 〈인상, 해돋이〉를 봤을 때 그냥 감상하는 것과는 다른 감동이 생긴다. 마치 캔버스 뒤쪽에 광원이라도 있는 것처럼 그림 전체가 부드럽게 빛나는 빛의 표현이나 거기에 담긴 아이디어가 전해져서 한층 더 아름답게 느껴진다. 나는 실물을 보고 그러한 미적 체험을 했다.

16세기 네덜란드의 화가 피터르 브뤼헐이 그린 〈바벨탑〉은 이 그림에 아무런 예비 지식도 없는 사람이 감상했을 때 '엄청 섬세하게 그렸구나' 정도의 인상만 받을지도 모른다. 하지만 제목이기도 한 그림 속 거대한 탑이 《구약성경》 '창세기'에 등장하며, 인간이 신에게 가까이 가기 위해서 건설한 탑이라는 점, 그런 인간의 교만함에 화가 난 신이 이 탑을 파괴한 점, 신이 벌로 그때까지 똑같았던 인간계의 언어를 혼란시킨 탓에 사람들이 서로의 말을 알아들을 수 없게 된 점 등 성경의 내용을 알면 피터르 브뤼헐이 표현하고 싶었던 것을 훨씬 더 많이 이해할 수 있다.

2017년에 그가 그린 〈바벨탑〉을 도쿄 우에노에 있는 도쿄 도미술관에서 전시한 적이 있다. 그때 피터르 브뤼헐의 애호가로도 유명한 만화가 오토모 가츠히로가 그의 원화를 새롭게 해석한 〈INSIDE BABEL〉이라는 회화 작품을 발표했다. 이는 피터르 브뤼헐의 원화에서는 외관만 그린 바벨탑의 안쪽(단면)을 상상하여 그린 작품이었다.

나는 오토모 가츠히로의 대표작 〈AKIRA〉 이전부터 엄청난 팬인데 초기작 〈동몽〉에서 그의 여러 가지 참신한 표현—등장인물이 쏜 염력의 충격파로 벽이 움푹 패는 등의 초능력 묘사—을 보고 '어떻게 이런 표현을 생각해 냈을까?' 하며 압도당했다.

〈INSIDE BABEL〉도 바벨탑의 난민을 그리겠다는 발상이 대단한데, 그가 데뷔한 이후 만화의 새로운 표현을 개척해 온 작가라는 사실을 알면 오토모 가츠히로와 피터르 브뤼헐의 시대를 초월한 공동 작품에 신선한 감동을 느낄 수 있을 것이다.

지식이 있다는 것은 지성과 교양이 있다는 뜻이고, 이는 신선한 감동에 방해가 되기는커녕 더 잘 즐기고 감동하기 위한 조건이 될 수 있다.

코미디는
매우 지적인 분야이다

나는 코미디 프로그램을 매우 좋아한다. 지상파 방송만으로는 성에 안 차서 코미디언이 개설한 유튜브 채널까지 확인할 정도다. 코미디라는 분야는 재능 있는 코미디언들이 끊임없이 획기적인 개인기와 유행어를 만들어 내는——반년 후에는 한물간 취급을 받지만—— 매우 지적인 경쟁의 장이다.

개그 콤비 밀크보이의 만담 개그를 처음 봤을 때 '대단한 사람들이 나왔다'는 생각과 함께 충격을 받았다. 일본 코미디를 좋아하는 사람이라면 이미 알겠지만, 밀크보이의 만담 개그는 반드시 어떤 일정한 패턴을 바탕으로 진행된다. 엉뚱한 말을 하는 역할인 고마바 다카시의 엄마가 어떤 '물건'의 이름을 잊어버렸다는 설정 하에 지적하는 역할인 우츠미 다카시가 그 물건의 이름을 맞추기 위해 대화를 이어나가는 패턴이다.

이 책의 독자 중에는 일본의 코미디 분야에 대해 잘 모르는 사람도 있을 것이다. 그래서 밀크보이가 일본 최고의 개그 콤비를 결정하는 M-1 그랑프리 2019에서 우승했을 때의 소재 '콘플레이크'를 일부만 재현해 보겠다.

고마바 뜬금없지만 우리 엄마가 좋아하는 아침 메뉴가 있는 모양이야.

우츠미 아, 그래?

고마바 그런데 이름을 까먹은 듯해.

우츠미 아침 이름을 까먹었다고? 어떻게 된 일이야?

고마바 그래서 이것저것 물어봤는데, 뭔지 전혀 모르겠어.

우츠미 모르겠다고? 자, 내가 엄마가 좋아하는 아침밥을 같이 생각해 줄게. 어떤 특징에 대해 말했는지 알려줘 봐.

고마바 그게 말이지, 달고 바삭바삭해. 그래서 우유를 부어 먹는 거라고 했어.

우츠미 오. 그거 콘플레이크 아니야? 그런 특징은 완벽하게 콘플레이크잖아.

고마바 콘플레이크?

우츠미 듣자마자 알겠는데?

고마바 하지만 아냐.

우츠미 왜 아니라는 거야?

고마바 아니, 나도 콘플레이크라고 생각했거든.

우츠미 아니, 그렇잖아?

고마바 그런데 엄마는 죽기 전에 마지막으로 먹는 밥도 그거면 된다고 했단 말이야.

우츠미 아, 그러면 콘플레이크는 아니구나. 최후의 만찬을 콘플레이크로 할 수는 없지. 콘플레이크는 아직 죽을 날이 많이 남아 있으니까 먹는 음식이라고!

　이처럼 소재로 삼은 물건에 관해서 비판하면서도 시청자가 공감할 수 있는 지적을 반복하며 생기는 웃음이야말로 밀크보이 만담 개그의 특징이다. 그 우스꽝스러움은 이 두 사람만이 쉽게 표현할 수 있다. 그들이 대단한 점은 콘플레이크를 다른 무언가로 바꾸는 것만으로 소재의 응용 버전을 무한히 만들어 낼 수 있다는 점이다. 2019년 M-1은 대체로 수준이 높아서 재미있는 콤비들이 많이 나왔다. 나는 특히 밀크보이의 스타일이 코미디의 역사를 바꾸었다고 느낄 정도였다.

　나는 메이지대학교에서 장래에 중, 고등학교 선생님이 되기를 목표로 하는 학생들을 대상으로 교육 방법과 수업 디자인에 관한 실천적인 방법론을 가르친다. 그 수업에는 학생들에게 중, 고등학교 교과의 지식을 콩트 형식으로 설명하게 하는 과제가 있다.

어느 날 그 일환으로 학생들에게 세계사와 일본사의 중요 항목을 밀크보이의 개그 형식으로 선보이라는 과제를 냈다. 그러자 아나나 다를까, 학생들은 밀크보이 스다일의 콩트를 순식간에 따라 했다.

이렇게 밀크보이의 스타일을 빌리면 이 세상의 어떤 지식이든 개그 형식으로 말할 수 있어서 초보가 따라 해도 나름대로 재미있게 들을 수 있다. 그래서 나는 밀크보이 콤비는 코미디의 기존 장르에서 벗어나 새로운 코미디의 유형을 만들어 냈다고 본다.

웃음도
지성과 공존한다

마찬가지로 수업에서 짧은 콩트를 만들어 보라는 과제를 낸 적도 있다. 그때 몇몇 학생이 반전 결말을 못 만들겠다며 고민했다. 확실히 반전을 일으키는 것만으로도 어렵고 그 반전 결말로 사람들을 웃게 하기는 더더욱 어렵다. 그래서 어느 정도의 스토리만 만들면 된다고 하고 제안 하나를 했다.

결말이 생각나지 않는 사람은 콩트 끝에 '쟝가쟝가'라고 말하면 된다는 규칙을 추가했다. 콩트일 경우 결말이 없으면 분위기가 미묘해지는데, 이를 하나의 약속으로 해서 이상한 분위기도 웃음으로 바꾸어 버린다. 쟝가쟝가에는 이렇게 마법과 같은 효과가 있으며, 이 또한 웃음에 관한 일종의 발명이다.

실제로 수업에서도 이 쟝가쟝가가 있었던 덕택에 결말이 없더라도 모든 학생이 용기를 갖고 콩트를 발표했다. 쟝가쟝가라는 말 하나가 학생들에게 용기를 주는 도구로 훌륭하게 쓰인 것에 이를 제안한 내가 오히려 더 놀랐다.

그렇지만 이 쟝가쟝가나 밀크보이의 만담 개그 패턴이나 이것이 획기적인 발명이라고 깨달으려면 보는 사람이 '이는 코미디 역사에서 아무도 하지 않은 방식이다'라는 걸 반느시 알아야 한다. 즉, 지금까지의 코미디 역사에 관한 지식을 막연하게라도 갖고 있어야 한다. 이런 의미에서 코미디를 즐기는 데도 지식이 필요하다. 코미디를 감각이나 센스로 이해할 수 있는 장르처럼 생각할 수 있는데, 정말로 뛰어난 개인기를 이해하고 웃으려면 반드시 지식이 있어야 한다.

센스(감각)도 지식과 무관하지 않다. 보통은 지식과 감각, 경험과 센스는 대립적으로 파악하게 된다. 감각을 중시하는 사람은 순수한 감각, 새로운 기분으로 선입견 없이 매사를 보는 것의 중요성을 설명한다. 하지만 현실에서 그런 예민한 감각을 뒷받침하는 존재가 사실은 깊은 지식인 경우는 얼마든지 있다. 지식과 경험을 충분히 하면 감각도 연마된다.

학생들에게 콩트를 만들게 하는 이유는 또 있다. 이는 제자들이 앞으로 교단에 섰을 때 자신의 학생들이 즐기며 공부할 수 있는 수업을 했으면 하고 바라기 때문이다. 그와 동시에 제자들도 웃으며 내 수업을 들었으면 하는 마음이 있다. 이는 내가 니체의 영향을 받아서 지성과 웃음이 하나가 된 경지를 지향하며, 지성과 웃는 행위가 공존할 수 있다고 믿기 때문이다.

학문의 세계에서 지내다 보면 매우 철저하게 연구에 몰두한 나머지 연구에 몸과 마음을 다 바치느라 웃는 것을 잊어버리는 사람이 있다. 또는 원래 밝은 성격이었는데 학구적인 생활 끝에 어딘지 음침한 성격으로 변해 버린 사람도 볼 수 있다.

니체가 주장한 '기분 좋은' 정신을 실현하고 싶은 내 입장에서 보면 애써 공부했는데 그 결과로 성격이 어두워지거나 기분 나쁜 정신이 형성된다면 학문하는 보람이 없어서 주객이 전도되었다는 기분이 든다. 오히려 지성을 연마한 결과로 어두웠던 성격이 밝아져서 예전에는 전혀 웃지 않았던 사람이 큰소리로 웃거나 폭소하게 되었다는 쪽이 학문하는 사람의 모습으로 자연스럽게 느껴진다.

애써 공부하더라도 그 때문에 폭소하는 마음을 상실하다니 너무나도 아까운 일이다. 공부하면 할수록 늘 경쾌하게 웃을 수 있는 마음을 터득해야 한다.

고전 작품도
웃으면서 읽을 수 있다

문학도 깜짝 놀라거나 웃을 수 있는 분야다. 장대한 세계의 명작 문학에도 그러한 작품이 수두룩하다.

노벨문학상을 받은 콜롬비아의 작가 가브리엘 가르시아 마르케스를 예로 들겠다. 그의 대표작 《백 년의 고독》은 약 500페이지나 되는 두꺼운 소설이라서 제목은 알아도 실제로 읽으려면 망설여지는 사람도 많은 작품일 것이다. 하지만 이 소설도 무작정 꺼리지 말고 읽어 보면 곳곳에 유머러스함이 있다.

《백 년의 고독》은 다음과 같은 첫머리로 시작된다.

오랜 세월이 흘러서 총살대 앞에 서게 되었을 때 아마 아우렐리아노 부엔디아 대령은 아버지와 함께 처음으로 얼음을 본 먼 옛날의 오후를 떠올렸을 것이다.

《백 년의 고독》은 호세 아르카디오 부엔디아라는 남자와 그 아내인 우르술라 이구아란을 시조로 하는 부엔디아 일족이 콜롬비아에 마콘도라는 가공의 마을을 구축해 번영을 자랑하다 멸망하기까지의 100년 동안을 그린 작품이다.

아우렐리아노 부엔디아 대령은 이 호세 아르카디오와 우르술라의 사이에서 태어난 둘째 아들인데 이 작품은 아우렐리아노가 부친 호세 아르카디오와 함께 로마의 극단이 운반해 온 얼음을 보러 간 유소년 시절의 추억에서 시작된다.

이 얼음의 시퀀스가 매우 유머러스하다. 부자는 지금까지 얼음이라는 존재를 몰랐다. 아버지는 얼음을 보자마자 "이건 세상에서 가장 큰 다이아몬드다!"라며 깜짝 놀란다. 아들은 얼음을 만져 보고 "이건 펄펄 끓고 있어요!"라며 마치 뜨거워진 철이라도 만진 듯한 감상을 말한다(나도 어린 시절 처음 드라이아이스를 봤을 때 형이 "손에 쥐어 봐"라고 해서 정말로 잡았다가 나도 모르게 "앗 뜨거워!"라고 외친 기억이 있다). 아버지는 얼음에 완전히 푹 빠져서 얼음덩어리를 보고 "이건 근래에 없던 대발명이야"라며 성경을 앞에 두고 증언하듯이 찬미한다.

얼음을 평가하며 '세상에서 가장 큰 다이아몬드', '펄펄 끓고 있다', '근래에 없던 대발명' 등 과장된 표현을 연발하는 아버지와 아들의 반응을 읽는 것만으로 웃음이 절로 난다. 그런 표현 외에 꽤 시시한 음담패설도 많이 나와서 실제로 노벨문학상을 받은 작품도 웃기는 부분이 가득하다는 것을 보여 준다.

영국 문학의 걸작으로 유명한 에밀레 브론테의 《폭풍의 언덕》도 폭소를 부르는 문학으로 읽을 수 있다. 이 작품의 주인공 히스클리프는 고아였는데 황량한 풍경이 펼쳐지는 영국의 시골구석에 폭풍의 언덕이라고 불리는 저택을 지은 언쇼가 데리고 온다.

히스클리프는 언쇼의 아들 힌들리에게 괴롭힘을 당하면서도 그의 여동생 캐서린과 사랑에 빠진다. 그러나 불행한 오해로 캐서린은 다른 남자의 구애를 받아들이고, 히스클리프는 충격을 받아 떠나버린다. 몇 년 후 큰 부자가 된 히스클리프가 복수를 위해 폭풍의 언덕으로 돌아온다는 줄거리다.

하지만 실제로 읽어 보면 이 히스클리프의 복수는 아무리 생각해도 지나치며, 조금 삐딱한 시선으로 읽다 보면 웃음이 터져 나온다.

애초에 다른 등장인물에 대한 증오의 정도가 자신이 받은 처사에 비해 너무 심하며, 복수를 위해 그가 선택한 방법도 용의 주도하다거나 냉철하다는 표현을 훨씬 초월한 정도였다. 또한 이야기 중반 캐서린을 죽음으로까지 몰아넣은 부분을 볼 때는 '복수 따위 그만두면 될 텐데!' 하는 생각이 든다. 그 후에도 힌들리의 아들과 캐서린의 딸까지 표적으로 삼으며 복수에 대한 열정을 멈추지 않는다.

이러한 이유들로 읽다 보면 히스클리프의 강한 집념에 공감하기는커녕 질려서 "히스플리프, 집요하다 집요해!"라며 트집을 잡고 싶어지는 것이다. 또한 작중에서 전개되는 히스클리프와 캐서린의 말싸움도 거의 프로 레슬링처럼 과격해서 "너희들 작작 좀 해!"라고 하고 싶어지는 부분이 있다.

이렇게 지적하며 읽기에 적합하다는 점에서는 도스토옙스키의 소설도 좋을지 모른다. 《카라마조프가의 형제들》이나 《악령》에서도 도스토옙스키가 쓴 소설의 등장인물들은 모두 성난 파도처럼 혼자서 몇 페이지 분량에 걸친 엄청난 길이의 밀도 높은 대사를 말한다. 그 과도한 느낌과 초현실성은 읽기에 따라서는 매우 웃기기도 하다.

원래 세계적으로 명성을 날리며 고전의 지위에까지 오른 명작 문학은 이런 '지나친 느낌'이 작품의 어딘가에 반드시 존재한다. 그러므로 어디까지나 진지하게 읽을 수도 있는 한편 약간 비딱한 시선으로 바라보며 읽으면 웃기는 포인트도 가득하다.

최근에는 세계 문학을 그다지 읽지 않는 듯하다. 나는 이 점이 너무나도 아쉽다. 처음에는 웃기는 책으로서라도 좋으니 아무튼 사람들이 세계 문학을 읽어 본다면 좋겠다.

궁극의 지성은
직접 몸으로 익힌 지성이다

지금까지 설명한 놀라움이나 웃음과 함께 내가 생각하는 지성에서 신체성은 반드시 있어야 할 요소다. 대부분의 사람들이 지성이라는 말을 들으면 난해한 문장이나 고상한 단어를 사용하는 대화 같은 걸 연상할 것이다. 이러한 지성이 말을 전제로 한 말의 지성이라면 신체의 지성이란 말로 하기 어려운 암묵지(학습과 경험을 통하여 개인에게 체화되어 있지만 겉으로 드러나지 않는 지식 혹은 언어로 표현할 수 없는 지식—옮긴이)다. 왠지 모르게 느낀다거나 몸으로 이해하는 세계도 사실은 교양의 세계의 기반이 된다.

경영학자인 노나카 이쿠지로가 쓴 《지식창조 비즈니스》라는 책이 있다. 이 책은 과거의 기업들이 하던 경영법을 분석했는데, 그중에서도 암묵지가 계승된 점을 성장의 이유로 들었다. 일본은 이 암묵지를 기반으로 한 문화가 풍부한 나라다. 암묵지는 말에 좌우되지 않기 때문에 일반적으로 생각하면 세대를 초월한 계승은 어려울 것이다. 그러나 우리는 이를 기술과 형태로 봉해서 계승하고 수준을 유지해 왔다.

예를 들면 스모(일본식 씨름—옮긴이)에는 선수가 한 발을 힘 있게 높이 들었다가 땅을 밟는다는 '형태'가 있다. 이 행동은 스모에서 모든 동작의 기본이며, 예전의 유명한 스모 선수들의 신체 감각을 응축한 동작이다. 그래서 현대의 스모 선수들도 헤아릴 수 없을 정도로 한 발을 높이 들었다가 땅을 밟는 동안 자신도 모르는 사이에 모래판의 경계에서 버티기 위한 다리와 허리의 끈기나, 상대방을 모래판 밖으로 떠밀어 내기 위해 양다리를 벌리고 무릎을 굽혀서 허리를 낮추는 기술을 체감하고 이해하게 된다.

가라테나 유도, 검도 등 무도에서도 스모의 기본자세에 해당하는 형태가 있다. 그 형태를 터득하면 그 무도의 가장 중요한 움직임을 합리적으로 체험할 수 있다. 그저 정해진 규칙이라서 연습하는 사람이 많을 수도 있는데, 사실 형태라는 것은 꾸준히 계승되어 온 암묵지의 결정체다. 형태는 옛사람의 몸에 대한 지혜를 이른바 냉동 보관한 듯한 것이다. 현대인이라도 형태를 연습하면 옛사람의 지혜가 담긴 신체 감각이 서서히 해동되어 자신의 몸 안에 흡수될 수 있다.

이런 형태는 예술에도 있다. 이를테면 서예에는 어떤 글자의 어떤 부위를 쓸 때는 갈고리, 다른 부위를 쓸 때는 회봉(획을 마무리할 때 반대 방향으로 붓을 들어 올리는 기법—옮긴이), 또는 삐침 기법을 사용하는 등 글자를 쓰는 규칙이 정해져 있다. 이는 서예에 있는 형태를 전부 파악하면 필연적으로 아름다운 글자 모양이 되는 것을 역사적, 경험적으로 이해해서 계승해 왔기 때문이다.

서예란 중국 당나라 시대의 서예가인 안진경이나 서예가로도 유명한 승려 구카이 등 몇 백, 몇 천 년 전부터 서예의 달인들이 겪은 시행착오를 형태에 반영해서 결정체로 만든 것이다. 이는 달인들의 글자 속에 지성이 나타났다고 모두가 느꼈다는 증거이기도 하다. 글자라는 것을 단순히 적혀 있는 것뿐만이 아니라 그 사람의 인간성이 나타나는 것이라고 생각해서 그 사람의 반짝이는 지성을 이 글자에서 본 것이다.

또한, 행위에도 지성이 담겨 있다. 예를 들면 다도를 할 때 난폭하게 행동하는 사람은 없지 않은가? 다도의 세계에서는 정중하게 행동한다는 신체적인 행위를 지성의 표현으로 생각해 왔기 때문이다.

이러한 신체적인 지성은 책으로도 남아 있다. 14~16세기 초기 일본의 전통 가면 음악극인 노가쿠의 배우인 제아미가 쓴 《풍자화전》, 17~19세기 초기 검객인 미야모토 무사시가 필승의 병법을 기록한 《오륜서》와 같은 책은 그들이 평생을 들여서 얻은 신체적인 지성을 몸의 구체적인 움직임으로 설명해서 자손과 후세의 무예가를 위해 전수, 계승하려고 한 것이다.

이 두 책을 읽으면 제아미나 미야모토 무사시가 기술 습득을 통해서 자신의 지성을 갈고닦는 과정을 추체험(다른 사람의 체험을 자기의 체험처럼 느끼는 것―옮긴이)할 수 있는 감각이 생긴다. 책을 읽어 보면 지성이 그들이 살았던 중세, 근세, 또는 그 전부터 계속 신체성과 불가분의 관계였다는 점을 잘 이해할 수 있다.

예술이나 무도는 언뜻 보기만 해서는 지성과 바로 결부되지 않을 수 있다. 그러나 제아미나 미야모토 무사시 안에서는 완전히 한 몸이 되었다. 그들의 신체화된 지성의 훌륭한 점 중 하나는 매우 수준 높은 내용이면서도 속세와 동떨어진 것이 아니라 밀접한 관계를 유지하며 지금까지도 통한다는 점이다.

예를 들어 제아미의 《풍자화전》은 일본 최대 홈쇼핑업체인 자파넷 다카타JAPANET TAKATA의 창업자도 애독서로 꼽는데, 읽어 보면 그 이유를 잘 알 수 있다. 제아미의 연극론은 관객에게 기쁨을 주는 것을 생각하는데, 이는 현대의 비즈니스와도 직결되기 때문이다.

이렇게 몸을 통해 얻은 지성, 또는 미야모토 무사시처럼 무도를 깊이 추구한 사람에게 깃드는 지성은 현대의 운동선수나 뮤지션에게서도 느낄 수 있다. 올림픽에 출전하는 운동선수 중에도 무도가의 분위기가 느껴지는 사람이 있다.

예를 들어 유도 선수인 오노 쇼헤이가 인터뷰에서 한 말을 읽어 보면, 단순히 시합에서 이긴다는 목표보다 자신의 이상적인 유도를 완성시키는 것을 강하게 의식했고 승리는 그 과정에서 나온 부산물일 뿐이라고 생각한다는 점이 느껴진다.

전 메이저리거 스즈키 이치로에게도 이런 풍격이 있다. 그의 말을 들으면 고도로 신체화된 지성이 말 한마디 한마디에 나타나는 것이 느껴져서 동시대에 이런 훌륭한 사람이 살고 있다는 것이 너무나도 고마울 정도다.

평범한 사람과는 다른 차원에서 살고 있는 사람은 야구의 오타니 쇼헤이나 복싱의 이노우에 나오야, 또는 일본 장기 기사 후지이 소타 등 젊은 세대에서도 꾸준히 나타나고 있다.

오타니 쇼헤이 선수는 주위의 상황과는 관계없이 늘 즐거운 듯이 경기하는 그 경쾌한 느낌이 말로 표현할 수 없을 정도로 매력적이다. 그의 독특한 이도류라는 스타일에 대해서는 "타자와 투수 중 하나에 전념해야 한다"는 비판이 데뷔한 이후 늘 따라다녔다. 그러나 그는 그런 비판을 개의치 않고 투타 모두 압도적인 활약을 펼쳐 보이며 잡음을 싹 없애버렸고, 그 이단의 스타일을 고수한 채 일본을 뛰어넘어 세계 최고의 슈퍼스타가 되었다. 그런 전인미답의 위업을 이루면서도 본인은 어디까지나 자신의 마음대로 야구하는 것 자체를 즐기는 것처럼 보인다. 나는 오타니 쇼헤이 선수의 그 느긋함과 솔직한 성격을 보며 왠지 부처님 같다고 생각할 때도 있다.

2022년 베이징 동계올림픽에서도 한 스노보드 선수가 석연찮은 판정에 대한 분노를 난이도가 높은 퍼포먼스로 승화시키며 금메달을 목에 걸었다. 역사에 남을 멋진 앵거 매니지먼트였다. 또한 스피드 스케이팅 종목에서 경이적인 활약을 선보인 다카기 미호 선수에게서는 미야모토 무사시와 같은 단련, 궁리, 음미를 느낄 수 있었다.

신체적인 지성은 눈으로 보는 우리에게까지 전해진다.

누구든지
중산층이 되던 시대

일본은 1955년부터는 고도경제성장이 시작되었으며 이는 오일 쇼크가 일어난 1973년까지 지속되었다. 나는 성장이 한창 때인 1960년에 태어났기 때문에 당시의 끊임없이 성장하는 분위기를 체감적으로 잘 알고 있다. 그들의 그런 기력이 어디에서 왔을까? 단순하게 나만 높이 올라갈 수 있으면 된다는 생각으로 이루어진 것은 아니었다.

전쟁을 겪은 세대가 '내가 살아남은 의미는 무엇일까?'라며 자신을 깊이 바라보는 것은 거의 필연적인 일이었을 것이다. 그렇기에 '이 나라를 좋은 나라로 만들고 싶다', '내 나라를 발전시키고 싶다', '사회에 공헌하고 싶다'는 동기로 일하는 것도 매우 당연한 일이었다. '사회의 혼란을 틈타서 사리사욕을 채우겠다'는 불순한 동기로 산 사람도 없지는 않았겠지만 적어도 현대인이 상상하는 것보다는 훨씬 적었을 것이다.

내 나라를 부흥시키겠다는 패기와 적극적인 일체감은 첫 도쿄올림픽이 열린 1964년, 또는 오사카 엑스포가 열린 1970년 무렵까지 굉장했다. 이렇게 사회 전체가 적극적이고 미래지향적인 시대에는 국민의 향학심이 높아진다. 여기서 한 나라나 사회의 경우 그 국민이 계승한 신체문화, 정신문화가 얼마나 강력한 힘을 가졌느냐 하는 점을 생각해야 한다.

일본 역사를 전쟁 전이 암묵시대였던 것에 비해 전쟁 후를 민주주의가 정착한 밝은 시대라고 단순히 도식화하기 쉽다. 그러나 전쟁 후의 부흥과 고도경제성장을 뒷받침한 것은 모든 국민이 전쟁 전에 태어나 전쟁 전에 인격이 형성된 사람들이라는 점을 잊으면 안 된다.

'좋지 않았다고 취급하기 쉬운 전쟁 전의 사회'에서 '잘못됐다고 하기 쉬운 교육'을 받은 사람들이 전쟁 후 부흥을 일으켰고 고도경제성장을 이루어 냈다. 또 그들의 힘으로 일본은 1억 총중류(인구 중 1억 명은 자신을 중산층으로 인식했다는 말—옮긴이)라고 하는 사회를 만들어 냈다.

당시는 동서 냉전 시대였고, 일본은 서쪽(자본주의진영)에 속하면서도 가장 성공한 사회주의 국가로 불렸다. 사회 체제로는 분명한 자유주의, 자본주의 국가지만 자본주의가 숙명적으로 갖는 빈부격차를 줄였었다.

당시 사람들은 스스로도 1억 총 중류라는 표현을 듣고 위화감을 느끼지 않았다. 내 소년 시절의 친구 중에는 가난한 집에서 자란 아이 몇 명이 있었는데 그런 가정도 70년대에 들어설 무렵에는 생활 수준이 꽤 좋아졌다.

또한 가난한 사람들이 풍족해지는 것을 사회의 상층에 있는 사람들도 바람직한 일이라고 생각해서 이를 위한 비용을 기꺼이 부담했다. 당시에는 소득세의 누진성—세금의 누진성이란 수입이 많은 사람일수록 세금을 많이 내야 한다는 것이다—이 지금과는 비교가 안 될 정도로 컸던 시대다. 2000년대 개인정보보호법이 시행되기 전 소득세를 많이 낸 개인의 이름을 세무서에서 공표했는데, 마쓰시타 전기산업(현 파나소닉)의 창업자인 마쓰시타 고노스케 등 부자 순위(고액납세자 순위)에 실릴 만한 부자는 수입의 약 80퍼센트를 세금으로 냈다.

이는 부유층이나 사회경영자들에게 나라를 생각하는 마음이 있었기 때문이다. 그 덕분에 70년대 일본은 서민도 미래에 불안을 느끼지 않고 결혼해서 가정을 꾸리며 일반적인 근로자라면 누구든지 중산층이 될 수 있는 사회를 이룰 수 있었다.

3장

무작정 읽기만
하는 건 소용없다

교양을 키우는 방법 1 | 독서

- 교양을 익힘으로써 내 안에 '정신의 왕국'을 만들 수 있다.

- 책을 읽으며 만나는 수많은 인물이 나를 만든다.

- 사람의 상상력을 키우는 것은 동영상보다는 활자이다.

정신적인 풍족함이 주는
커다란 만족감

30대 초반까지 나는 일정한 직업이 없었다. 마침 버블이 한창인 시기였는데, 나는 그 광란을 모르는 척하며 언젠가 내가 생각하는 교육을 실현하고 싶다는 야심을 품으며 지냈다. 여하튼 수입이 없었기 때문에 크나큰 초조함을 느꼈다.

이럴 때 사람은 낙심하거나 마음이 괴로워서 사나워진다. 나는 이 시기에 내 안에 '정신의 왕국'을 만드는 게 도움이 되었다. 돈이 들어오지 않는다는 현실은 있었지만, 정신이라는 광대한 영역에서 학문을 하고 교양을 익히면 자신이 그 세계의 왕으로 지낼 수 있을 거라고 생각했다.

기원전 300년 무렵 그리스에 디오게네스라고 하는 유명한,

하지만 술통을 거처로 삼아 노숙자와 같은 생활을 하는 철학자가 살았다. 플루타르코스의 《영웅전》에는 당시 그리스 세계의 지배자인 알렉산더 대왕이 이 디오게네스를 만나러 갔을 때의 일화가 쓰여 있다.

알렉산더 대왕이 찾아간 곳에서 디오게네스는 햇볕을 쬐고 있었다. 알렉산더 대왕이 그를 향해 "나는 알렉산더 대왕이다"라고 이름을 말한 뒤 "나에게 뭔가 바라는 것은 없는가?"라고 물었다. 디오게네스는 "당신이 그곳에 서 있으면 그늘이 지니까 비켜 주시오"라고 대답했다고 한다. 돌아가는 길에 알렉산더 대왕은 "내가 알렉산더가 아니었으면 디오게네스가 되고 싶다"고 중얼거리기까지 했다고 한다.

철학자로서 자신의 마음에 무한한 왕국을 구축한 디오게네스는 알렉산더 대왕이 광대한 영토를 가지고 있고 절대적인 부와 권력을 장악했든 말든 상관없이 부러워하는 마음이 전혀 없었다. 정신적인 풍족함이 얼마나 만족감을 주는지 보여 주는 일화다.

물론 돈은 어느 정도 있어야 좋다. 젊었을 때 나처럼 수입이 없으면 괴로운 일도 있다. 그러나 학문을 하며 고금의 교양을 접해서 얻을 수 있는 만족감을 돈으로 바꾸기는 도저히 어렵다. 《카라마조프가의 형제들》과 같은 명작을 읽을 수 있는 문호와의 정신적 대화는 사람이 인생에서 경험할 수 있는 기쁨 중에서도 최상급이다. 그 기쁨을 얻을 수 있는지는 돈의 유무와 관계없다. 《카라마조프가의 형제들》책 자체는 가난한 학생이라도 구할 수 있지만 이를 끝까지 읽어서 얻을 수 있는 감동은 돈이 있어야 얻을 수 있는 것이 아니기 때문이다.

나는 괴로움을 느낀 시기에도 그 정신의 왕국만은 누구에게도 침해당한 적이 없었다. 오히려 이 신성한 영역을 내 정신 속에 더욱 깊고 넓게 확대하고 끊임없이 배우려는 동기부여로 삼았다.

정신의 왕국이라고 해도 그곳에서 대화하는 상대가 자신뿐이면 똑같은 것을 머릿속에서 계속 고민하는 것일 수 있다. 이는 건전하지 않으며, 경우에 따라서는 우울해지기만 해서 노이로제에 걸릴 수도 있다. 그러나 그곳에 괴테나 니체, 도스토옙스키 등 동서고금의 위대한 철학자와 문호들을 부를 수 있다면 오히려 다양성이 보장된 세계가 된다. 그곳에서 사고할 때는 자신보다도 훨씬 뛰어난 사람들, 장소와 시대도 초월한 다양한 사람들과 함께 생각한다.

그런 식으로 나만의 정신의 왕국을 만들 수 있으면 한 곳에서 고민하지 않고 자신이 현재 있는 장소와는 다른 곳으로 나를 인도할 수 있을 것이다.

살인범도 반성하게 하는
책의 힘

현대에서는 정말로 온갖 다양한 정보를 인터넷으로 얻을 수 있기 때문에 군이 책이라는 형태로 정보를 입력할 필요성을 느끼지 않는 사람도 많을 수 있다. 그러나 책을 읽는다는 것은 체계화된 지식을 자신에게 입력하는 것과 동시에 다른 사람의 이야기를 가만히 듣는다는 행위이기도 하다.

인간은 쉽게 질리므로 한 저자가 쓴 이야기를 몇 백 페이지 분량이나 가만히 듣는 것은 꽤 힘든 일이다. 그럴 때는 일종의 인내력이 필요하다. 바꾸어 말하자면 끈기가 없는 사람은 책을 읽지 못하고, 책을 읽는다는 행위는 쉽게 질리는 인간성을 육성하고 정신의 끈기를 기르는 것이기도 하다.

전에 소년원에 수감된 소년들을 지도하는 분에게 들은 이야기인데, 소년원에 오는 아이들은 대부분 책을 읽지 못하고, 만화도 그림만 보며, 말풍선 속의 대사나 설명은 건너뛰는 소년도 있다고 한다. 하지만 그런 아이들이라도 끈기 있게 지도하면 점점 책의 재미를 깨달아 읽을 수 있게 되며, 일기도 쓸 수 있어서 결국에는 인간성 자체가 달라진다는 이야기를 들었다.

나가야마 노리오라는 사람이 쓴 《무지의 눈물》이라는 책이 있다. 그는 1968년 10월부터 11월까지 훔친 권총을 사용해서 경비원과 택시 운전수 등 특별히 원한이 있던 것도 아닌 네 사람을 연달아 사살한 통칭 '연속 권총 사살 사건'을 일으켜서 이듬해 1969년에 체포당한 인물이다.

붕괴한 가정에서 자라 육아 포기에 가까운 상태로 겨우 성장한 나가야마 노리오는 사건을 일으켜서 체포당한 19세 시점에서는 정신적으로 사나운 상태였다. 그런데 형무소에 복역하는 동안 독서 습관을 들였고, 처음으로 자신이 얼마나 무지했는지 깨닫게 되어 깊이 후회하며 옥중에서 자전적인 소설까지 쓴다. 《무지의 눈물》은 그렇게 쓴 나가야마 노리오의 대표작이며 1997년에 그가 사형을 당한 후에도 그의 생각을 현재에 전달하고 있다.

단순히 지식이나 정보를 얻기만 한다면 책이 아니라 인터넷으로도 할 수 있다. 하지만 책을 읽는 것은 그 책을 읽은 사람의 정신에 확실히 영향을 미친다. 적어도 살인범을 반성하게 할 정도의 힘은 인터넷 정보에는 없지 않을까?

책을 통해
새로운 인격을 만난다

책 한 권과의 만남은 새로운 인격과의 만남이기도 하다.

한때 공자의 《논어》가 교양의 기둥이었기에, 글자를 읽을 수 있는 사람이라면 누구나 내용을 아는 국민적 교과서이던 때가 있었다. 서당에서 아이들에게 읽힌 교과서인 《동자교》라는 책이나 서민을 위한 교훈을 정리한 《실어교》라는 책도 《논어》가 바탕이 되었다. 《논어》의 글을 암송하며 당시의 학문이 시작되었다.

하지만 《논어》를 실제로 배운 사람의 인상에는 각각의 가르침에 대한 내용 이상으로 공자의 인물상이나 공자가 제자들과 이야기를 주고받는 모습이 남았을지 모른다. 유명한 아동문학자 시모무라 고진은 《논어》를 하나의 이야기로 엮어 《논어 이야기》라는 작품으로 만들었다.

원래의 《논어》는 공자가 생전에 말한 내용을 제자들이 편찬한 것이므로 잡다한 인상을 주는데, 이 《논어 이야기》의 경우에는 스토리로 이루어져 있어서 아이가 읽어도 내용이 머릿속에 쏙 들어온다.

공자가 병에 걸린 제자를 불쌍히 여겨서 "그와 같은 사람이 이런 일을 당하다니!"라며 동정하는 장면도 있는가 하면, 다른 제자가 공자의 가르침을 실천하지 못해서 고민하며 "선생님이 하신 말씀을 머리로는 이해하지만 좀처럼 실행할 수 없습니다"라고 털어놓기도 한다. 그 말에 공자가 "지금 너는 한계를 스스로 설정했다. 그것이 가장 좋지 않은 일이다"라며 타이른 일화가 실려 있는 등 《논어》를 바탕으로 한 이야기가 전개된다.

단순하게 제각기 다른 말을 늘어놓는 것이 아니라 이렇게 이야기로 만든 덕택에 공자의 인간적인 도량이 인간상으로 확실히 전해져서 독자는 그 인간성의 일부를 자신 안에 살아가게 하는 것이 쉬워진다.

한 인간의 인격은 그 사람이 혼자서 만드는 것이 아니라 부모님이나 신세를 진 선생님 등 그 사람이 자신 안에 얼마나 많은 인물을 살게 할 수 있느냐에 따라 달라진다. 그 인물이라는 것은 책에서 만난 인물도 포함한다. 존경하는 인물이 생겨날 때마다 그 일부가 자신이 되는 감각이다.

예를 들어, 고치현 출신인 사람은 사카모토 료마(고치현 출신의 무사로 실질적으로 일본의 근대화를 이끈 인물—옮긴이)가 어느 정도 들어 있는 면이 있지 않을까? 사카모토 료마가 고향의 영웅이라고 생각하면 그의 인격 일부가 자신 안에 들어오는 느낌이 있다. 그것이 아이덴티티, 즉 자기동일성이며 자기의 존재 증명이 된다.

내가 알고 지내는 여성 중에도 히지카타 도시조(메이지 유신에 끝까지 항전하다 전사한 인물—옮긴이)를 좋아한 나머지 그를 자신의 정신에 살게 한 사람이 있다. 히지카타 도시조의 경우 끊임없이 싸운 끝에 전사한 사람이라서 현대인이 그의 삶을 그대로 모방해야 하는 것은 아니다. 하지만 책으로 알게 된 존경하는 인물상이 마음속에 살고 있는 상태라는 것은 분명히 그 사람의 멘탈을 강하게 만들어 주는 면이 있다.

독서를 통한 공감은
쓸쓸함을 없앤다

10대, 20대 무렵부터 마음속에 사는 다른 사람의 지성의 도움을 받아 살고 있다고 쭉 지각하고 있었다. 그 때문인지 쓸쓸함이라는 감정을 느끼지 않는다. 쓸쓸함이라는 감정이 무엇인지 생각해 보면, 근원적으로는 '감정을 나눌 사람이 없다'는 말이 아닐까? 그런 점에서 책을 읽고 뭔가 깊이 공감할 수 있는 순간이 있으면 저자와 감정을 나눌 수 있다.

이를테면 다자이 오사무의 책을 읽고 공감했을 때 독자인 우리는 다자이 오사무의 감정에 공감하는 동시에 자신이 말로 하지 못한 감정을 그가 대변해 주는 것처럼 느낀다. 《인간실격》을 읽고 《인간실격》의 주인공 요조와 같은 생활을 보내는 것은 아니더라도 자신과 비슷한 점이 느껴지면 그때 서로 공감할 수 있다. 자신의 숨은 감정을 동요시키는 작품을 만나면 쓸쓸함이 사라진다.

다자이 오사무는 쓸쓸함을 느껴서 마지막에는 물에 빠져 자살했을지 모른다. 하지만 그 쓸쓸함으로 수많은 독자의 쓸쓸함을 구해 줬다고 생각하면, 어쩌면 작가라는 존재는 자신의 불행과 바꿔서라도 세상 사람들을 구제하기 위한 게 아닐까?

다른 사람과의 공감이라는 점에서, 지적인 화제를 말할 수 있는 친구가 두세 명이라도 있으면 인생은 완전히 달라진다. 나는 중학교 시절의 친구와 우연히 그런 관계가 될 수 있었다. 그와는 대학 시절에도 같은 동네에서 살았기 때문에 날마다 세 시간, 다섯 시간씩 이야기하며 영화를 보거나 책을 읽을 때마다 의견을 교환했다. 생각해 보면 책을 읽기만 하고 끝내는 것이 아니라 그 내용에 대해 이야기할 상대가 있었다는 점이 더 많은 책을 읽고자 하는 의욕을 일으킨 것 같다.

사람에 따라서는 지적인 화제를 공유할 수 있는 상대가 주위에 없는 사람도 있다. 인터넷은 이러한 상황에서는 매우 편리한 도구다. 같은 반에서 자신 외에는 읽은 사람이 없는 책이라도 인터넷의 독서 커뮤니티에서 책 이름을 검색해 보면 반드시 다른 누군가는 감상을 썼고, 그중에는 무심코 감탄하는 의견도 있다.

　나도 종종 영화를 본 후에 그 제목으로 검색할 때가 있다. 아무리 오래된 마이너 영화라도 반드시 누군가가 감상을 써서 올리기 때문에 깜짝 놀란다. 인터넷 공간에서는 누구든지 같은 시대의 사람들, 경우에 따라서는 외국인과도 의견을 교환할 수 있어서 고독감을 가라앉힐 수 있다. 그런 점에서 현대는 매우 편리한 시대이며, 이런 면에서 보았을 때 인터넷도 잘 사용해야 한다.

　아무튼 지적인 생활을 하기 위해 동기를 부여하는 방법 중 하나는 다른 사람과 정신의 깊은 부분에서 공감하는 일도 필요하다.

지성에 대한 동경이
독서의 동기가 된다

현대는 흔히 지성에 대한 동경이 예전보다 희박해진 시대라고 말한다. 하지만 내 인생을 돌이켜 보니 누구나 지적인 흥미, 관심을 갖고 살았는가 하면, 또 반드시 그렇지도 않았다. 개개인을 살펴보면 그렇지 않은 사람이 많았다는 것도 사실이다.

그럼 현대와 옛날의 차이는 어디에 있을까? 1장에서 자세히 살펴봤듯이 지성과 교양을 존중하며 교양인을 존경하는 분위기가 사회에 있었다는 것밖에는 할 말이 없다.

그 지성이나 교양은 책으로 상징되었다. 책을 읽는 것이 지적인 행위임을 부정하는 사람은 없었으며, 그 책을 쓰는 사람은 지식의 최종 지점에 도달한 것처럼 생각했다. 그 때문에 지성이라는 것은 책을 중심으로 연마해야 한다는 생각이 사회에 정착했다.

그래서 나도 젊었을 때는 해마다 연초에 '올해에는 책 몇 권을 읽자'고 목표를 설정하거나 책장을 1년에 하나씩 늘리기를 목표로 하며 책을 읽었다. 천장까지 나름의 높이와 가로 폭이 있는 책장이면 200~300권은 들어가므로 이를 채우려면 필연적으로 날마다 책을 읽어야 한다. 이런 목표를 자신에게 부과해서 교양을 익히려고 했다.

그러나 현대에는 책을 읽는 사람이 줄었고, 지성을 높이기 위한 중심축으로서의 책이 제자리에서 벗어나 영상이나 SNS와 같은 비중을 가진 존재가 되고 말았다는 느낌이 든다. 2장에도 썼지만 최근에는 특히 세계 문학을 별로 읽지 않게 된 듯하다. 그런 점에서 나는 지성의 쇠퇴를 느낀다.

확실히 누군가에게 "좋아하는 소설은 무엇인가요?"라고 물어보면 대부분이 현대 작가가 쓴 소설을 꼽는다. 물론 현대 작가 중에도 훌륭한 작품은 많으며, 그런 책을 읽는 게 절대 나쁘지는 않다. 그러나 나는 지성이라는 존재는 늘 세계를 기준으로 추구되어야 한다고 생각한다.

예전에는 사람들이 뛰어난 문학 작품을 읽어서 교양을 높이려고 했고 서민 가정에도 책장에 세계 문학 전집이 꽂혀 있는 경우가 드물지 않은 시대가 길었다. 책이 얼마나 지성을 상징하는 의미를 가졌는지 이런 부분에서도 잘 드러난다. 특히 세계 문학은 그 사람의 교양의 유무를 측정하는 기준과 같은 존재였다.

실제로 그런 집의 아이는 지적으로 크기도 한다. 나와 같은 시대의 작가나 연구자 중에는 어렸을 때부터 집에 있던 문학 전집이나 백과사전을 틈만 나면 읽었다는 사람이 많다. 그게 훗날 큰 도움이 되었다고 한다.

동영상보다 활자가
상상력을 기른다

도스토옙스키나 톨스토이 등으로 대표되는 러시아 문학이 가장 인기 있던 시기가 있었고, 실제로 프롤레타리아 문학이나 자연주의 등 근대의 문학 운동도 대부분이 러시아 문학의 영향을 받아 일어났다. 괴테의 경우는 열정적인 팬이 가장 많은 나라는 사실 일본이 아닐까 하는 이야기도 있다.

나도 초등학생 때 읽었던 소년소녀용 세계 문학 전집의 영향을 많이 받았다. 《삼총사》, 《소공녀》, 《햄릿》, 《베니스의 상인》 등 셰익스피어 희곡의 대표작 등은 중학교에 올라가기 전에 읽었다.

초등학생 시절에 읽었던 세계 문학 중에서는 특히 톨스토이의 《부활》이 인상적이었다. 이 작품은 주인공 귀족이 자신이 젊었을 때 가지고 놀다 버린 여성 카추샤가 그의 아이를 낳은 후 생활고 때문에 창부가 되어 살인까지 저질렀다는 사실을 알고 죄의식을 느껴 속죄를 위해 애쓴다는 이야기다.

초등학생용 치고는 길고 내용도 어른스러운 소설이지만 당시의 나는 이 책을 읽으며 이상할 정도로 끌렸다. 그 이유는 아직 내가 간 적도 없는 러시아의, 그것도 톨스토이가 산 19세기 제정 러시아의 시대적 분위기를 느낄 수 있기 때문이었다.

활자만을 재료로 하여 미지의 세계를 상상하면서 읽다 보면 머릿속에는 나만의 작품 세계가 완성된다. 이는 똑같은 스토리라도 영화로 보는 것과는 다른 체험이다. 영상이면 상상하지 않아도 되는 만큼 눈에 보이는 작품 세계를 그대로 받아들이게 된다. 만약 이것이 성적인 영상이라면 감각이 마비되기도 한다.

2021년 12월 미국의 인기 가수 빌리 아일리시가 어렸을 때 포르노를 시청한 체험에 대해 고백하며 "(열한 살 때부터 포르노를 본 것이)내 뇌를 파괴했다. 수많은 포르노에 노출되어서 믿을 수 없을 정도로 마음이 황폐해졌다", "(보는 동안 포르노의 내용이) 폭력적이어야 보게 되었다. 매력을 느끼지 못하게 됐다"고 한 말이 화제에 올랐다. 똑같이 성적인 내용이라도 활자로 묘사한 관능소설이라면 전부 자신의 머릿속으로 상상할 수밖에 없기 때문에 영상보다는 비교적 안전하다고 할 수 있다.

전에 〈안경 편애〉라는 라디오 방송에서 개그 콤비 중 한 명이 "나는 활자 음란물을 좋아해서 동영상 음란물을 좋아하는 놈들과는 단련 방법이 다르다"는 말을 했다. 농담이기는 하지만 그 말을 들었을 때 나는 무심코 맞장구를 쳤다.

실제로 활자를 읽었을 때와 동영상을 봤을 때는 뇌의 전두엽 활성화의 정도가 완전히 다르다는 사실이 두뇌 트레이닝을 개발한 가와시마 류타의 연구로도 입증되었다. 이 연구 결과에 따르면 묵독보다 음독하는 쪽이 더 뇌 작용이 활발하고, 활자에 삽화가 조금 있는 정도가 전두엽을 가장 자극한다고 한다.

아무튼 글자로만 쓴 책을 재료로 해서 상상력만으로 다른 세계로 갈 수 있다는 인간의 능력은 대단하다. 하늘이 인간에게만 준 선물이 확실하다. 만약 동영상이 활자를 완전히 대신해 버리면 인간은 이 훌륭한 능력을 방치하게 되고 만다.

소설을 읽으며 찍는
머릿속 영화 한 편

유튜브나 넷플릭스의 세계적인 성공은 인류가 얼마나 동영상을 좋아하는지 보여 줬다. 활자만 읽는다는 행위는 대부분의 사람에게는 지루하고 피곤한 일이기 때문이다. 책이 지루한 이유는 활자에서 이야기나 정보를 이해하려면 상상해야 하기 때문이다. 상상력이 없는 사람에게 활자는 단순한 글자의 나열로만 보인다.

독서는 상상력으로 보충하는 것을 강요당해서 원래는 매우 힘든 작업이다. 그러나 버트런드 러셀이 《행복의 정복》에서도 썼듯이 지루하고 시시한 것이 인간의 힘을 기를 수 있다. 창조적인 힘도 지루함을 극복해야 비로소 익힐 수 있다. 내가 만든 신조어로 말하자면 '지루한 힘'이 사람을 키운다. 현대에서는 미디어를 선택할 때의 기준이 재미의 여부로만 되어 있는데, 재미있다 해도 수동적인 자세로는 힘이 생기지 않는다.

어떤 이야기를 독자로서 즐기려면 상상력이 필요하다. 그리고 그때 작용하는 상상력은 말하자면 우리 개개인이 영화감독이 되어 영화를 찍는 것과 같다. 소설이 영화화될 때 독자에게서 불만이 쏟아지기 쉬운 것도 머릿속에서 이미 자신이 감독했기 때문이다. 소설을 읽으며 등장인물들에 대해 자기 나름대로 캐스팅을 하고 머릿속의 카메라를 구사하여 화면을 구성하기 때문이다.

우리는 만화책을 볼 때도 이와 똑같은 일을 한다. 만화라는 장르는 장면과 장면의 연속이므로 그 사이를 연결하는 것은 그리지 않는다. 그래서 독자는 행간이 아닌 장면 사이를 채우려고 해서 무의식중에 캐릭터의 동작이나 표정을 머릿속으로 보완하며, 그들의 목소리에도 자기 나름대로 이미지를 입히고 머릿속에서 반영시킨다.

따라서 그 작품이 애니메이션으로 만들어져서 성우가 배역을 받으면 "이 목소리는 안 어울린다" 등의 불만을 느끼는 팬이 많은 것이다(더군다나 만화책이 실사화되었을 때 팬들의 거부 반응은……). 그렇기에 독서가 수동적인 행위라는 지적은 큰 착각이다.

매우 짧은 소설, 이를테면 아쿠타가와 류노스케의 《나생문》에서도 독자는 작품 무대의 정경 묘사에서 나생문의 커다란 원기둥에 붙어 있는 여치의 형상, 주인공의 하인이 여드름을 만지는 장면, 사체에서 머리카락을 뽑는 노파의 표정까지 영상으로 연상한다.

그렇게 마음속에 떠올린 영상에 작가가 쓴 말, 여기서는 하인이 노파에게서 기모노를 빼앗아 갈 때 무심코 하는 "그럼 내가 노상강도를 해도 원망하지 마시오. 나도 그렇게 하지 않으면 굶어 죽는 몸이오"라는 대사를 적용시키니, 이 시점에서 하나의 창작이 결실을 맺는다.

잘 생각해 보면 독서는 엄청나게 창조적인 일이다. 그러므로 독서는 그 자체가 인간을 통해 이루어지는 최고 수준의 지적 활동이며, 수동적이기는커녕 매우 능동적인 행위라고 보아야 한다.

애니메이션에는
상상할 여백이 없다

나는 애니메이션도 좋아해서 자주 보는데, 애니메이션이라는 표현 형태가 시청자가 상상력으로 보충할 부분이 거의 없는 것은 부정할 수 없다. 애니메이션의 경우 캐릭터의 움직임을 동영상으로 표현하고, 성우가 목소리를 내며, 음악이나 효과음까지 따른다. 이렇게까지 완성하면 시청하는 사람은 나머지 있었을지도 모르는 이 작품의 다른 모습을 상상할 여지가 없다 (물론 이를 계기로 속편을 직접 만들어 보거나 그림을 그리는 등 2차 창작을 하면 이야기는 달라진다).

그런 의미에서는 애니메이션보다 만화책을 좋아한다는 사람은 본인이 의식적인지 무의식적인지는 제쳐 두고 공백을 채우는 작업을 기대하는 것이며 사실 매우 창조적인 소질을 가졌다고 할 수 있다.

다시 생각해 보면 만화는 매우 재미있는 문화다. 그림과 대사를 하나의 장면으로 함께 잘라내서 기억하므로 머릿속에 잘 남고, 이로 인해 선명하고 강렬한 장면의 대사를 많은 독자가 인용할 수 있다. 교양이란 인용력(인용할 수 있는 힘)이기도 해서, 이것만으로도 이미 훌륭한 교양이라고 할 수 있다.

애니메이션만 보면 감상하는 사람은 역시 너무나도 편하다. 그러나 편하고 싶다, 지루하고 싶지 않다는 마음만 전면으로 나오면 사람의 지적인 존재를 씹어 삼키는 턱의 힘이 점점 약해진다.

《카라마조프가의 형제들》과 같은 작품은 처음에는 읽기 힘들고 지루할 수 있다. 하지만 가까이 하기 어렵고 딱딱한 느낌을 뛰어넘은 끝에는 땅속의 광석을 파낸 듯한 흥분이 있다. 다 읽으면 많은 사람이 "이런 재미있는 소설이 이 세상에 있었다니!" 하고 마음이 떨리는 듯한 느낌을 받을 것이다.

상상력은
지성의 날개가 된다

앞에서도 말했듯, 상상력은 지성의 토대가 된다. 나무 블록도 원래는 지루한 놀이 도구지만 어린아이가 그걸로 지루해하지 않는 이유는 상당한 상상력으로 이를 보충하기 때문이다. 지성이나 상상력은 부자유함을 보완한다는 점에서 출발한다.

SF(공상과학소설)의 창시자라고 불리는 쥘 베른의《지구에서 달까지》나《지구 속 여행》,《해저 2만 리》등의 작품은 로켓이나 잠수함도 아직 존재하지 않았던 19세기 후반, 쥘 베른이 달과 해저에 펼쳐지는 세계를 상상해서 그려낸 작품이다.

이 책들을 읽은 아이들은 그의 상상에 자극을 받아 자신들이 상상한 세계를 그림으로 그렸다. 나도 자주 그렸다. 그렇게 어린 시절에 자극받은 상상력을 성장한 후에도 지적인 활동의 토대로 삼아 온 크리에이터가 많다.

반대로 어릴 때부터 애니메이션만 보며 자라는 것은 걱정스럽다. 애니메이션계의 거장인 미야자키 하야오는 어느 날 한 어머니가 "우리 애는 지브리 작품을 엄청 좋아해서 〈이웃집 토토로〉를 수십 번씩 돌려 봤어요"라고 한 말에 "그렇게 하면 안 됩니다"라고 한 적이 있다고 한다.

그 어머니는 아무런 악의도 없이 순수하게 팬이라고 알리고 싶었을 뿐이었을 것이다. 하지만 미야자키 하야오는 자신의 작품만 돌려 보느라 아이의 상상력이 자라는 것을 방해하고 싶지 않았을 것이다. 애니메이션이 만드는 사람의 놀라운 상상력을 주입하는 것과는 정반대로, 보는 사람은 상상력을 발휘할 여지가 적다는 점을 거장인 미야자키 하야오야말로 잘 알고 있었을 것이다.

그런 점에서 그림책은 상상력을 구사할 여지가 매우 많다. 그림책의 그림은 움직이지 않고 목소리도 나오지 않으므로 유아가 그림책을 읽으면 그 아이의 머릿속에는 상상의 세계가 펼쳐진다.

나는 어렸을 때 《알리바바와 40인의 도적》이라는 그림책을 매우 좋아해서 여러 번 반복해 읽었다. 보물을 숨겨 놓은 동굴의 문을 열기 위해서 "열려라 참깨!"라고 말하는 장면만으로도 흥분해서 아무 것에나 대고 "열려라 참깨!"라고 했을 정도다.

특히 알리바바의 집에서 일하는 하녀 모르지아나의 활약이 재미있었다. 알리바바는 도적단이 훔친 보물을 동굴에 숨긴 것을 발견하고 그 보물을 들고 돌아와 부자가 된다. 도적들은 보물을 들고 간 사람이 알리바바라는 사실을 알고 그를 죽이기 위해서 그의 집을 찾아내 ×자로 표시하고 돌아간다.

그러나 그때 모르지아나가 기지를 발휘한다. 평범하게 발상했다면 단순하게 ×자를 지우는 데 그칠 테지만, 주위의 모든 집에 ×자를 표시해서 도적을 혼란하게 만든다. '대단한 발상이다! 엄청 머리가 좋네!'라며 어린데도 감동했었다.

또 모르지아나는 도적들이 밤에 알리바바를 습격하기 위해서 기름 항아리에 숨어 있는 것을 알자 그 항아리 속에 펄펄 끓는 기름을 부어서 모두 죽였다. 그 후 도적의 두목이 보석상으로 변신해서 알리바바가 연 잔치에 잠입한 것도 가장 빨리 알아 챈 모르지아나는 손님 앞에서 춤을 선보이겠다는 구실로 단검을 손에 들고 춤을 추다 두목을 찔러 죽인다.

이 잔혹함도 포함한 쇼맨십이 느껴지는 묘사가 어린 마음에 매력적이었고 아무리 읽어도 질리지 않았다. 책을 읽을 때마다 아라비안나이트의 세계로 가는 듯한 상상력을 자극받았다.

이러한 상상력이야말로 지성의 날개이며, 모든 지적인 행위의 바탕은 상상력에 있다. 상상력을 기르는 것은 그림책뿐만이 아니다. 소크라테스가 무슨 말을 했고 공자가 무슨 말을 했다는 고전의 내용도 그 책들을 읽고 재미있다고 느끼는 것은 독자가 머릿속으로 상상력을 발휘했기 때문이다.

《알리바바와 40인의 도적》은 동화, 《소크라테스의 변명》은 철학서로 분류된다. 그러나 동화를 보며 아라비아의 세계를 머릿속에 그리는 것과 철학서로 고대 아테네의 법정에서 억울한 죄를 뒤집어쓴 소크라테스가 논쟁 상대들을 향해 "나는 아무것도 모르지만 나는 모른다는 사실은 알고 있다. 그래서 당신보다 똑똑하다"고 변명하는 장면을 그린 것과의 사이에 상상력으로는 거의 거리가 없다.

세상의 그 어떤 문장도 문장으로 쓰인 이상 상상력으로 보충할 수밖에 없는 부분이 반드시 있다. 사람은 그 공백을 상상력으로 보완하려고 하면서 점점 더 지성과 교양의 길로 이끌리는 것이다.

최고를 만나는 것만으로도
지성이 쌓인다

어떤 분야이든지 해당 분야에서의 최고를 만나는 것도 지성을 키우는 좋은 방법이다. 최고는 그만큼 많은 놀라움을 가져다주기 때문이다. 문학이나 영화, 코미디 등 모든 장르에서 초일류를 만날 수 있다.

예를 들어 축구라는 스포츠는 기술적으로 심오할 뿐만 아니라 전술면에서도 고도의 두뇌 싸움이 펼쳐진다. 전 세계에 일류 선수가 있는데, 그중에서도 초일류인 리오넬 메시의 팬인 나는 그 덕분에 축구에 관해 깊이 이해할 수 있었다.

사람들이 메시에 관해서 말할 때 그의 폭발적인 득점력에만 주목하는데, 슈팅만 봐서는 그가 가진 재능의 전체를 이해할 수 없다. 메시의 대단한 점 중 하나는 바로 피치를 올릴 때의 넓고 탁월한 시야이다. 메시는 기본적으로 포워드, 즉 전방을 담당하는 선수이다. 그러나 그는 시합의 흐름을 읽으며 자주 중반까지 내려가서 뛰어난 수비 능력으로 공을 보유하고 같은 팀 선수들이 전방으로 올라가는 시간을 만들어 낸다. 여기서부터 같은 팀 선수들에게 패스를 맡기고 다시 자신도 페널티 지역 부근까지 뛰어가서 골을 넣는 것이 메시가 가장 잘하는 득점 패턴이다.

그런데 중반의 깊은 위치에 멈춘 상태에서 전방으로 놀라운 롱패스를 할 때도 있다. 나는 메시의 플레이 중에서도 그의 타고난 넓은 시야를 살린 이 롱패스를 매우 좋아한다. 필드 위의 50미터 넘게 떨어진 공간에서도 같은 팀 선수가 뛰어드는 움직임이 메시에게는 보여서 그곳에 정확한 기술로 패스할 수 있다. 이 얼마나 대단한가!

최고의 선수인 메시의 플레이를 보면 놀라움의 연속이며, 그의 플레이에 놀랄 때마다 축구에 대한 지적 호기심이 자극을 받아 기술과 전술 부분도 잘 알게 된다(사실 나와 동갑인 마라도나의 초절적인 능력에 대해서도 말하고 싶지만 멈출 수 없어서 삼가겠다).

메시의 플레이로 대표되는 최고의 기술의 좋은 점은 축구 문외한도 대단하다는 걸 알 수 있다는 점이다. 초보자라면 일반적인 플레이를 보는 것만으로는 그 플레이의 어떤 점이 대단한지 잘 모를 것이다. 그런 점에서 메시의 50미터 롱패스나 마이클 조던의 공중을 걷듯이 뛰어 집어넣는 덩크슛은 그 대단함이 축구나 농구를 하거나 본 적이 없는 사람도 설명이 필요 없을 정도로 잘 알 수 있다. '경이적'이라는 말이 있는데 확실히 초보자도 놀라게 하는 힘이 있다.

스포츠뿐만 아니라 음악에도 초일류의 대단함이 있다. 보통 클래식 음악이라고 하면 사람에 따라서는 지루하다고 생각할 수도 있다. 그러나 고전적인 명저가 그렇듯이 클래식 음악도 오랜 역사 속에서 끊임없이 연주되어 온 명곡뿐이다.

예를 들면 나는 비발디의 바이올린 협주곡 〈사계〉의 2번 '여름'의 3악장을 들으면 나도 모르게 멋있다고 흥분한다. 곡명만으로는 멜로디가 떠오르지 않아도 실제로 곡을 들으면 아마 누구든지 들은 적이 있을 것이다. 거기에는 클래식에 관심이 없는 사람이라도 음악을 들은 순간 멋지다고 느끼게 하는 힘이 있다. 또는 모차르트의 〈교향곡 25번〉도 그런 곡 중 하나다.

생각해 보면 클래식이라는 음악 장르는 사실 재즈나 팝, 록 등과 같은 장르보다 훨씬 더 많은 히트곡이 있다는 관점도 생긴다. 곡명은 모르더라도 TV 프로그램이나 광고에서 효과적으로 쓰여서 듣는 순간 놀라며 '아, 그 곡이다' 하고 깨닫게 되는 곡이 많다.

때로는 과감하게 편곡해서 유통하고 있다. '운명'이라는 통칭으로 유명한 베토벤 〈교향곡 5번〉은 워낙 유명해서 곡명만 들어도 어느 곡인지 아는 사람이 많다. 이 곡의 대단함은 1악장에 있다. 대부분을 '빠바바밤—♪'이라는 유명한 멜로디의 반복으로만 구성되었는데도 힘으로 밀어붙여서 듣게 한다. 이 멜로디에는 그만한 결정적인 힘이 있고 영원히 그 누구도 뛰어넘을 수 없겠다는 느낌도 있다. 이처럼 클래식은 역사 속에서 살아남은 명곡들의 보물창고이다.

이런 초일류들을 보면 놀랄 수 있고, 놀라면 거기서 호기심이 자극을 받는다. 그리고 자연스럽게 그 분야를 배우고 싶다는 마음이 생긴다. 따라서 최고를 만나는 것은 지성을 기른다는 말과 같다.

해설과 비평을 읽으면
시야가 넓어진다

창작자의 의도를 이해함으로써 처음으로 얻을 수 있는 놀라움도 있다. 이런 놀라움은 전문가가 쓴 비평을 읽어 보면 얻을 수 있다.

앞에서 소개한 베토벤의 '운명'에 관한 해설—운명의 대단함은 '빠바바밤—♪'의 멜로디만으로 한 악장을 끌고 간다는 점—도 어느 음악평론가의 해설을 읽고 안 사실이다. 나는 전부터 베토벤을 좋아했지만 이 해설을 읽고 깜짝 놀라서 그때부터 베토벤이 더 좋아졌다. 이처럼 비평을 읽어야 비로소 이해할 수 있는 대단함도 있다.

비평이라고 하면 잘난 듯이 평가하는 듯한 나쁜 인상을 느끼는 사람도 의외로 많은데, 나는 전문가의 비평을 읽는 것은 정말로 중요하며 비평이라는 행위에는 독립적인 가치가 있다고 생각한다.

탁구 국가대표팀의 감독을 오랫동안 맡았고 현재는 세계선수권과 올림픽 등 큰 대회가 열리면 반드시 해설자로 등장하는 미야자키 요시히토라는 사람이 있다. 나는 그의 해설을 들으면 탁구에 대한 호기심이 솟아오르는 것을 느낀다. 그가 "다음은 롱서브일 겁니다"라고 예측하면 화면에서 보이는 선수가 정말로 롱서브를 친다. "여기서 타임아웃을 하겠죠"라고 하면 정말로 타임아웃을 신청한다.

2021년 여름 도쿄 올림픽에서는 독특한 표현력으로 스케이트보드의 매력을 해설한 해설자도 각광을 받았는데, 이렇게 해설자의 비평이나 해설이 있어야 비로소 보이는 것들이 있다. 특히 프로야구의 TV 해설에서는 노무라 카츠야가 스트라이크 존을 9분할하는 '노무라 스코프'를 사용해서 포수의 볼 배분에 대해 해설한 것이 유명하다.

그 해설 덕택에 지극히 평범한 야구팬도 시합을 볼 때마다 교묘한 볼 배분을 의식하며 "먼저 초구로 안쪽을 찔러 타자의 상체를 움직여 놓으면 2구째의 아웃코스 슬라이더를 따라갈 수 없다"고 말할 수 있게 되었다. 해설자가 이런 새로운 놀라움의 영역을 개척해 주는 덕분에 팬도 보는 눈이 넓어지고 그 분야의 문화까지 자라난다.

동양인들은 신체 능력 면에서 반드시 야구에 적합한 것은 아니다. 그래도 우수한 메이저리거가 많이 육성된 것은 성숙한 야구 문화와 비평 문화가 있어서 선수의 수준이 높아진 이유도 있다고 본다. 좋은 선수가 배출되는 환경이 만들어지면 그 다음에는 그것이 상식으로 바뀌는 일이 거듭된다.

20세기 전반에 활약한 스위스의 추상화가 파울 클레는 미술 이론가로도 유명했다. 그의 《조형사고》라는 저서는 독일 바이마르의 예술학교 바우하우스에서 진행한 예술이론 강의를 정리한 책이다.

나는 이 책을 대학시절에 구입해서 파울 클레의 학생이라는 생각으로 읽었다. '과연. 캔버스 위에 찍힌 하나의 점이 작품 전체 속에서 이런 힘을 발휘하는구나', '사선을 그으면 보는 사람에게 이런 인상을 줄 수 있구나' 하고 점 하나, 선 한 줄이 힘이라는 사실을 배웠다.

파울 클레는 지성의 훌륭한 경지와 같은 이론을 구축했을 뿐만 아니라 직접 창작해서 실천하기도 했다. 설명하는 지성과 창작하고 실천하는 지성을 자신 안에서 통합한다는 일종의 '지행합일'을 실현한 것이다.

그런 수준 높은 이론의 실천인 파울 클레의 작품은 단순히 봐도 즐길 수 있지만 배경에 있는 이론을 이해한 뒤 감상하면 더욱 깊이 즐길 수 있다. 파울 클레를 잘 모르는 사람은 다니카와 슌타로가 그의 그림에 시를 붙인 독창적인 그림책 《클레의 그림책》, 《클레의 천사》를 보기 바란다. 파울 클레가 시인의 창조성을 어떻게 자극했는지 알 수 있다.

또한 나는 제작자의 해설을 읽고 듣는 것도 좋아한다. 스튜디오 지브리의 미야자키 하야오 감독이 만든 〈모노노케히메〉의 성우 미와 아키히로가 연출에 대해 흥미로운 인터뷰를 한 적이 있다.

녹음할 때 미야자키 하야오 감독에게 "내가 연기하는 캐릭터 모로(숲을 지키는 들개신)와 모리시게 히사야가 연기하는 옷코토누시(거대한 멧돼지신)는 어떤 관계인가요?"라고 물었다고 한다. 그러자 미야자키 하야오 감독은 "이 두 사람은 옛날에 사랑하는 사이였다"고 대답했다는 이야기였다.

이는 극중에서 묘사하지 않았기 때문에 관객은 알 수 없고 원작자인 미야자키 하야오 감독만 아는 내용이다. 그 숨은 설정을 알려줘서 미와 아키히로도 깊이 이해하고 연기할 수 있었다고 한다. 뛰어난 창작자는 설정이나 캐릭터끼리의 관계성에 대해서 정말로 속속들이 생각해 만든다는 점을 새삼 느꼈다.

장기의 세계에서도 기사 후지이 소타는 자신이 대국 중에 쓴 기법의 의도에 대해서 해설할 수 있을 것이다. 장기의 경우 대부분은 다른 기사가 해설자를 맡는데, 그 해설이 있기에 엘리트 기사의 대단한 한 수를 초보자도 이해할 수 있다.

감성은
지성을 바탕으로 자란다

추상화처럼 얼마든지 감각적으로 봐도 상관없는 작품이라도 해설을 듣는 것과 듣지 않는 것에는 큰 차이가 있다. 더군다나 역사화는 해설을 통해서 원작자의 의도를 알아야 그림으로 표현한 것을 이해할 수 있다. 그렇지 않으면 작품의 의도가 완전히 전해지지 않는다.

외젠 들라크루아의 〈민중을 이끄는 자유의 여신〉에서 묘사한 민중이 누구에게 총을 겨누고 있는가? 피카소의 〈게르니카〉에서 묘사한 인간이나 말과 소가 왜 괴로운 표정을 띠는가? 최소한의 서양사를 모르면 단순히 '그냥 슬퍼 보인다'고만 느끼고 끝날지 모른다.

앞에서도 말했지만 나는 현대에서 순수하게 즐기라는 말이 너무 쉽게 쓰인다고 본다. "지식이 너무 많으면 작품을 순수하게 즐길 수 없다", "단순한 지식의 암기로는 본질적인 것을 이해할 수 없다"라고 하면서 지성을 적대시하는 경향이 강하다.

나는 이와는 정반대로, 오히려 지식을 많이 암기하지 않으면 아무것도 모르고 느낄 수도 없다는 입장이다. 지성은 감성을 방해하지 않으며 오히려 감성을 키운다.

피카소는 〈게르니카〉에서 스페인 내전 중인 1937년 4월 26일 독일 공군이 스페인의 도시 게르니카에 실시한 무차별 폭격을 그렸다. 그 폭격은 인류사상 최초의 무차별 공습이었다. 그런 사실을 알고 그림을 감상하면 그림에서 느낄 수 있는 것이 더 많아진다. 또 2022년 2월 24일부터 시작된 러시아군의 우크라이나 공습에 분노를 느낀다. 이것이 지성의 힘이다.

지성을 가지면 스포츠, 예술, 코미디 등 다양한 영역에서 놀라움을 느끼고 상상력을 부풀리며 또 그 세계의 깊이까지 음미할 수 있다. 그렇게 되면 인생을 무한하게 즐길 수 있다. "도시의 공기는 사람을 자유롭게 한다"는 말이 있다. 지성은 사람을 흥분시키고 뜨겁게 만든다. 절대로 차가운 것이 아니다.

지성과 교양에 대한 동경이
사라지던 시대

전쟁 후 일본 사회는 부흥과 고도경제성장을 이룬 중심인물들이 모두 전쟁 전에 인격 형성을 마쳤다는 사실을 일제히 잊어버린 척했다. 그러나 전쟁 전의 신체문화와 정신문화까지 없었던 일로 한 것은 크나큰 손실이었다.

여기서 말하는 신체문화란 이를테면 배꼽 밑에 있는 제하단전을 의식해서 오랫동안 깊이 호흡해 정신을 안정시키는 호흡법과 같다. 이는 선을 수행하려면 반드시 터득해야 하는 것이다. 또한 이 호흡법과 정좌로 마음을 조절하기 위한 기술이 생활 속에 자연스러운 형태로 도입되었고 체감적으로 이해할 수 있었다. 농업 개량가인 오카다 도라지로가 이 호흡법과 정좌를 조합시켜 고안한 건강법 겸 정신수양법인 오카다식 정좌법이 매우 인기를 얻기도 했다.

적어도 이 무렵까지는 문화 전체에 선이 녹아들었다. 선을 기원으로 하는 마인드풀니스가 실리콘 밸리에서 유행해서 일본에서도 붐이 일어났는데, 사실은 맥맥이 계승되어 온 신체문화와 닮았다. 그러한 정신문화, 신체문화가 전쟁 후에 쇠퇴한 결과 일본인은 선적 정신력이라는 바탕을 잃었다.

특히 1980년대에 들어서며 세상이 버블 경기에 들뜨자 이 정신문화는 단숨에 붕괴되었다. 사람들은 투기 목적으로 부동산이나 주식, 증권, 골프 회원권과 미술품 등을 구입했고, 어떻게 하면 직접 땀을 흘리지 않고 불로소득을 얻을 수 있느냐에 혈안이 된 결과 아무도 정신력에 주목하지 않게 되었다.

버블로 온 세상이 경박해진 영향은 문화에도 미쳤다. 고전적인 교양을 중시하지 않는 대신에 서브컬처가 인기를 얻었다. 예를 들면 버블기의 유행을 많이 만들어 낸 크리에이터 집단인 호이초이 프로덕션은 버블 전야인 1983년에 패션과 놀이에서 어떻게 허세를 부리느냐에 관한 노하우 책을 출간했다. 버블기는 이렇게 반은 농담이고 몇 퍼센트는 실제로 유용한 것을 읽던 시대였다.

이 시대의 서브컬처는 현대의 만화나 애니메이션 등에도 수

많은 재산을 남겼다. 나도 만화나 애니메이션을 좋아하기 때문에 그 자체가 나쁘다고 하고 싶은 것은 아니다. 하지만 80년대 서브컬처의 융성이 전통적인 교양을 그때까지의 전당과 같은 지위에서 실추시키고 '교양을 반드시 익히지 않아도 무방하며, 교양이 없는 것은 수치가 아니다'라고 생각하게 한 효과는 확실히 있었다.

2003년에는 사람들이 책을 점점 읽지 않고 도쿄대학교 학생들의 장서 수도 줄었다는 사실을 자세히 소개한 책도 나왔다. 한때는 '교양이 없으면 부끄럽기 때문에 책을 읽어야 한다'였던 것이 지적인 부담이 사라지고 '각자가 좋아하는 서브컬처를 즐기면 된다'는 가치관이 성립되었다.

이는 언뜻 보기에 자유롭고 민주주의적인 듯하지만 지적인 수준을 낮추는 토양을 만들었다. 1980년대에 그런 가치관의 전환이 일어난 결과, 쉽게 말하자면 정신이 치사해진 것처럼 느껴진다.

1970년대까지는 모두가 일치단결해서 좋은 나라를 만들고 부흥시키려고 했다. 하지만 이후로는 완전히 달라져서 버블 이후에는 편하게 돈을 벌 수 있는 사람이 있다면 자신들도 흉내 내자고 생각했고, 그로 인해 지성, 교양에 대한 동경이 급속하게 사라져 갔다.

4장

사람은
사람을 따라간다

교양을 키우는 방법 2 | **인간관계**

- 인생에서 좋은 영향력을 미치는 사람과의 만남은 매우 중요하다.

- 타인을 공격하고 논쟁만 해서는 남는 게 없다.

- 상대방이 좋아하는 것을 칭찬할 줄 아는 것이 지적인 어른의 대화법이다.

인격에 영향을 미치는
만남의 중요성

현대는 정보화 사회라고 하는데, 정보와 교양은 다르다. 정의하는 방법에 따라 다르기도 하지만 나는 교양에 비하면 정보는 그다지 심오하지 않다고 생각한다. 정보는 인간의 인격에 영향을 미치지 않기 때문이다.

알기 쉬운 예로《성경》이나《논어》등은 인간의 인격에 영향을 미친 책의 대표이다. 하지만 이 책들을 정보라고 간주하는 사람은 없다. 정보란 인격에 미치는 영향이 없는 것을 나타내며 정보에 따라 인격 변화가 일어나면 그것은 이미 정보라고 할 수 없다.

그렇게 생각하면 인생에서 사람과의 만남은 결정적으로 중요하다. 한 인간의 인격은 책 이상으로 살아있는 다른 인간과의 만남에 좌우되며 영향을 받는 정도가 크기 때문이다. "세상에는 이런 사람도 있구나" 하고 실제로 느끼면 한 번뿐인 대화라도 훗날까지 기억에 남는다. 그런 의미에서는 백문이 불여일견이라는 말처럼 100가지 정보를 얻는 것보다 한 인간과 직접 이야기하는 것이 중요하다.

이는 상대방과 확실하게 이야기할 수 없는 사인회 같은 자리라도 상관없다. 사인회에서의 아주 짧은 한순간이라도 상대방이 건넨 한두 마디가 그 후 계속 인상에 남는 경우가 있다. 또는 좋아하는 아이돌 그룹의 악수회에 가서 최애 멤버와 이야기하고 싶어 하는 사람이 있는데, 이를 의미가 없는 행동이라고 생각하지 않는다.

현대는 정보화 사회이기 때문에 인격적인 교제와 인격에 영향을 주는 만남을 잠재적으로 갈망한다. 연예인의 열성팬, 최애 멤버 등은 그 반영이 아닐까? 최애 멤버가 출연하는 콘서트나 연극 무대를 몇 번씩 보러 가서 다른 날의 퍼포먼스와 미묘한 차이를 알 수 있는 정도가 되고, 그렇게 하면 그 연예인도 얼굴을 기억해서 함께 사진을 찍어 주기도 한다. 거기에는 마음의 스위치가 켜지는 기대와 설렘이 있다.

정보에는 이런 종류의 기대나 설렘이 부족하다. 그중에는 기대되고 설레는 정보도 있을지 모른다. 하지만 진짜 연예인이 자신의 앞에서 말을 걸어 주거나 악수해 줘서 느끼는 고양감과 단순한 정보는 비교할 수 없다.

나는 실제 인간과 직접 만나 이야기하면 얻을 수 있는 것이 매우 많다고 생각한다. 요즘은 강의 같은 것들도 전부 동영상으로 만들고, 수강생이 나중에 편한 시간에 볼 수 있으니 좋다고 생각할 수 있다. 하지만 서로 간의 만남도 없이 정보를 얻는 방법은 언뜻 보면 합리적인 듯해도 사실은 가장 아까운 일이 아닐까 싶다.

인연과 우연이
기회를 가져다준다

나는 기본적으로 인연을 믿는다. 기회는 다른 사람이 가져다주는 것이며, 또 우연이 가져다주는 것이라고 생각한다.

내가 첫 책을 낸 것도 다른 사람이 연결해 준 인연 덕택이다. 어느 회의에서 고토 소이치로라고 하는 고명한 선생님과 함께 한 일이 계기였다. 그 회의에서 내가 한 발언이 선생님의 관심을 끈 모양이다. "사이토 씨, 오늘 술 한잔 하러 갈 건데 따라올래요?"라고 권유해서 따라 갔는데 그 자리에 고토 선생님의 담당 편집자로 일하던 분이 동석했다.

고토 선생님은 그 자리에서 자신의 책은 뒷전에 두고 편집자에게 나를 열렬히 추천했다. 편집자는 "고토 선생님이 이 정도

로 말하니 믿겠다"고 했고, 그때를 계기로《아이들은 왜 화를
낼까》라는 첫 책을 쓰게 되었다.

이런 일이 있었기 때문에 '누가 술자리에 초대하면 최대한
거절하지 않도록 하자'고 생각했다. 실제로 그런 자리에서 중
요한 사람과 많이 알고 지내게 되었다. 믿을 수 있는 사람과의
술자리일 경우 가면 어떤 좋은 일이 생길 때가 있다.

요즘에는 개인적인 교제만 중시하고 그 외의 인맥을 넓히지
않는 생활을 하는 경향이 강한 듯하다. 그래서는 우연한 일이
가져올 기회를 놓칠 수 있다. 인생에서 기회를 잡는 일은 매우
중요하다. 세상에서 성공한 사람들도 우연한 일을 계기로 해
서 성공하기도 한다.

예를 들면 일본의 가요곡 사상 가장 성공한 작사가 중 한 명
인 마츠모토 다카시는 원래 핫피엔도Happy End라는 밴드의 드
러머였다. 그가 작사가의 길로 들어선 것은 핫피엔도 결성 전
무명 시절의 밴드 동료가 "늘 책을 가지고 다녀서 문학 청년처
럼 보였다"고 하며 "마츠모토는 작사를 해"라고 했기 때문이라
한다.

마츠모토 다카시는 그때까지 자신이 작사하는 것을 상상한
적도 없었던 모양인데, 자질이 있었던 것이다. 그 후에는 전문
작사가로 대성공을 거두었다.

모임을 통해
대인관계를 넓혀라

친목을 도모하려는 목적으로 연 모임에 참석 권유를 받으면 일단 승낙하는 것이 좋다. 권유에 응해서 그 그룹 사람들과 함께 술을 마시면 자신도 그 그룹의 멤버가 될 수 있다. 다음에도 권유하고 권유받다 보면 이 관계가 점점 인맥이 된다. 이런 권유는 권유를 받는 동안이 행복하며 권유를 받지 못하면 그런 인맥을 만들 기회도 사라진다.

특히 새로운 조직에 들어갔을 때는 최대한 회식에 참석하는 것을 추천한다. 나도 메이지대학교에서 근무하게 된 첫 해에는 1년에 50번 정도 다른 선생님과 술을 마시러 갔다.

당시에는 '메이지대학교의 선생님들은 이렇게나 술을 많이 마시는구나!' 하고 내심 놀랐다. 그런데 그때 함께 마셨던 사람과는 몇 십 년이 지나도 동료라는 의식을 가질 수 있고 지금도 가볍게 부탁을 주고받는 관계로 지낸다. 나는 남과의 마음의 거리감을 좁히기 위한 자리로 회식이 가장 도움이 된다고 생각한다.

술을 못 마신다거나 좋아하지 않는다는 사람도 있을 텐데, 여기서 말하는 회식은 단순히 술자리라는 이름의 친목회라고 생각하면 된다. 꼭 술을 마시는 장소라고 생각할 필요는 없다. 적당히 술을 마시며 참가한 사람이 편안해하는 공간이 중요하다. 술을 마시지 않아도 긴장을 풀 수 있으면 억지로 술을 마실 필요는 없다.

술을 무식하게 마시는 모임의 이미지가 있는 회식이라는 말이 이젠 촌스러울 수도 있다. 술도 나오는 친목회 정도의 이미지로 받아들여야 하며 또 그런 모임이어야 한다.

참가할 때는 부정적인 말을 하지 않도록 주의해야 한다. 참가한 사람 중 누구에 대해서든 부정적인 말을 하면 관계가 무너질 수 있다.

그리고 이건 스스로 자중하기를 바라며 하는 말인데, 과음하지 않도록 해야 한다. 인간은 술을 너무 많이 마시면 아무리 평소의 인격이 고결해도 이해할 수 없는 말을 내뱉는다. 과음하면 안 되며, 몇 잔까지 마시겠다고 미리 결정해 놓자. 최근에 나는 한 잔까지, 또는 처음부터 술을 마시지 않는다.

또 특히 여성의 경우에는 술자리에서 성희롱을 당할 위험도 있다. 함께 마실 상대를 확실히 선택해야 하며 앉는 자리도 엄선해야 한다. 같은 여성의 옆, 또는 남성이라도 성희롱이나 상사의 갑질과는 관계가 없는 인격의 사람을 선택해서 최대한 그 옆에 앉도록 해야 한다.

회식에 참가하면 불쾌한 말을 들을 것 같아서 가고 싶지 않다는 사람도 있을 수 있다. 그래도 일단 가 보면 그 그룹 속에 두세 명은 마음이 잘 맞는 사람이 있다. 그런 사람이 있으면 다음에는 다른 날 그 셋만 모여서 술을 마시러 갈 수도 있다. 그렇게 되면 거기서 하나의 동료 집단이 완성된다.

타인을 공격하고 지적만 해서는
남는 게 없다

인간관계는 함께 공동 작업을 하며 고생하는 것으로도 유대 감이 강해진다.

예전에 수험생을 위해 메이지대학교의 같은 학부 교수들과 학부의 교육 내용 등을 소개하는 팸플릿을 제작하는 위원으로 뽑힌 적이 있었다. 이 작업은 대학 교수의 근본적인 연구나 교육과는 달랐지만, 위원이 된 다른 멤버와 팸플릿을 제작하는 과정에서 이상하게 흥이 올랐다.

최종적으로 직원들이 서로 협력하며 우리 스스로도 깜짝 놀랄 정도로 진지하게 임한 적이 있다. 그들과의 친구 관계는 지금도 지속되고 있다. 뭔가 불규칙한 역할을 맡았을 때 지나치게 귀찮아하기보다 인맥 만들기라고 단호하게 받아들이면 의외로 좋은 일이 있을지 모른다.

반대로 스무 살 무렵의 내가 반성해야 할 점도 있다. 당시의 나를 혼낼 수 있다면 "논파로는 아무것도 얻지 못한다"고 말해주고 싶다. 당시의 나는 의견이 다른 상대와 논쟁하며 상대방의 논리를 철저히 깨뜨리는 행위가 잘하는 일이라고 생각했다.

그러나 남을 공격하며 말로 정신적인 궁지에 몰아넣어서 내가 얻은 것은 결국 아무것도 없었다. 친구만 잃었을 뿐이며 현재로 이어지는 재산이 되지도 않았다. 정말 쓸데없는 시간이었다. 그 무렵의 나는 단순히 자신의 공격성과 자기중심성을 억제하지 못하고 남을 깎아내리며 자신의 힘을 증명하고 싶을 뿐이었다.

일본 국어 교과서에도 실려 있는 나카지마 아쓰시의 《산월기》라는 책이 있다. 젊어서 과거에 합격한 수재가 자존심이 높은 탓에 평범한 상관들에게 머리를 숙이는 관료 생활을 참지 못하고 시인으로 명성을 얻으려고 했지만, 수치심으로 세상 사람들의 비평에 노출되기를 피하다 결국에는 호랑이가 되고 말았다는 우화다.

남과 어울리며 자신의 결과물에 대해서 비평받기를 두려워하고, 그런 주제에 남에 대해서는 부정적으로 비평하거나 논리

를 파괴하며 흡족해 하던 스무 살 무렵의 나는 정말로 이 호랑
이가 될 뻔했다.

지적인 어른의 대화란
어떤 대화인가?

그런 내가 '나도 어른이 되었구나'라고 느낀 것은 대학 교수
가 된 후 쟈니스(일본의 남성 연예인 전문 대형 연예기획사—옮긴이)
팬인 졸업생과 대화하다 아라시(1999년 결성된 쟈니스 소속의 아이
돌 그룹—옮긴이)에 관한 이야기가 나왔을 때다. 교묘한 화술을
보여 준 것은 아니다. 하지만 아라시 팬과의 대화에서 아라시
멤버를 일일이 칭찬한 것이 나에게는 '어른의 대화'였다.

"오노 사토시는 그림을 잘 그리더군요", "니노미야 카즈나리
의 그 연기가 좋았어요", "마츠모토 준은 콘서트에서 기획도 한
다면서요?"라고 멤버들의 장점을 한 명씩 구체적으로 들어가
며 칭찬했다. 이 행동을 깨달았을 때 내 자신을 칭찬해 주고 싶

어졌다. 나는 쟈니스 팬도 아니고 그렇게까지 관심이 많은 것도 아니다. 그렇다고 아라시를 '쟈니스 따위'라며 무시할 마음도 없으며, 인기가 많은 것을 질투할 마음도 없다.

그런 나에게 관심 밖의 대상이기는 해도 다른 사람에게는 소중하고 좋은 평가를 받는 존재에 대해 삐딱한 자세보다 솔직하게 좋은 부분을 찾아서 칭찬할 수 있는 것이야말로 어른의 자세라고 생각했다.

앞에서 말했듯이 나는 젊었을 때 상대방이 좋아한다는 사람이나 물건에 대해 이런저런 이유를 들어서 깎아내리고 쓸데없는 말만 하다 친구를 잃은 시기가 있었다. 그런 시기를 거쳐 나는 무엇이든지 '인기 있는 것에는 이유가 있다'는 관점으로 보기 시작했다. 세상 사람들이 지지하는 것이라면 내 호불호를 일단 제쳐 놓고 그것을 지지하는 이유가 어디에 있는지 찾는 방향으로 무언가를 대하는 내 태도를 고쳤다.

인간은 원래 경쟁 상대도 아니고 전혀 상관없는 사람에 대해서도 때때로 무의미한 경쟁심과 질투심을 불태우기도 한다. 그때 "그 정도 실력으로 그렇게나 좋은 평가를 받는 건 이상하잖아"라고 내뱉은 말이 객관적인 비평을 가장한 질투일 뿐인 경우가 종종 있다. 세상 사람들을 부러워하는 마음이 그 사람의 인격을 어둡게 만들기도 한다.

지성이 있는 어른이 되기 위한 중요한 첫 단계는 그런 비굴한 감정에서 벗어나고 극복하는 것에 있다.

또한 이런 질투심에서 벗어나려면 적극적으로 칭찬하는 행동이 효과적이다. 예를 들면 순간적으로 '이 가수 인기가 있나 본데, 가창력은 별로잖아?'라는 생각이 들어도, '그래도 인기가 있는 이상 뭔가 매력이 있겠지', '가창력을 제외한 면에서 장점이 있을지도 몰라'라고 긍정적으로 받아들이는 것이다. 그렇게 하면 질투나 경쟁심 때문에 생기는 쓸데없는 피로에서 서서히 벗어난다.

대화를 나누면서 상대방이 좋아한다고 생각하는 것을 확실히 구체적으로 칭찬하다 보면 거기서 공감이 생겨나므로, 어쩌면 그 대화를 계기로 인간관계가 깊어지는 기회가 더욱 많아질지도 모른다.

나이 차는
칭찬으로 극복할 수 있다

비교적 연배가 있는 사람은 자기보다 젊은 사람을 칭찬하면서 그 일을 계기로 그 사람에게 쉽게 다가갈 수 있다. 더 나이가 많은 사람이 먼저 그런 태도를 보이면 그보다 젊은 사람은 얼마나 고맙게 생각하는지 나는 수학자 후지와라 마사히코 선생님과의 교류를 통해 배웠다.

후지와라 선생님과는 내가 문화청의 의뢰로 '아이들에게 독서하는 습관을 들이게 하려면 어떻게 해야 하는가'에 관하여 대화하는 심의회의 멤버가 되었을 때부터 교류하기 시작했다. 그 심의회에서는 대부분의 사람들이 아이의 주체성에 맡기는 방향을 제안했는데, 나는 오히려 정반대의 의견을 주장했다.

"현재의 상황이 주체성에 맡긴 결과니까 아이에게 맡기면 안 됩니다. 오히려 생활통지표에 독서 활동이라는 칸을 만들어서 적극적으로 책을 읽게 해야 합니다"라고 발언했다.

결국 그 의견이 채용되지는 않았지만, 회의가 끝난 후에 후지와라 선생님은 내 자리까지 일부러 찾아와서 "그 아이디어는 훌륭했네"라며 말을 거셨다. 그 선생님은 "나는 어떻게 하면 아이들이 책을 읽을까 계속 생각했는데 그런 아이디어는 떠오르지 않았어. 생각하지 못한 게 억울할 정도네"라는 말까지 하셨다. 생활통지표에 독서 활동 칸을 만들자는 안건은 그때까지 아무도 칭찬해 주지 않았기 때문에 후지와라 선생님의 말에 진심으로 격려를 받았다.

후지와라 선생님과는 이 일을 계기로 친해져서 부부 동반으로 식사할 정도의 관계가 되었는데 이 또한 후지와라 선생님이 열여덟 살이나 어린 나에게 고압적인 태도는 커녕 최대한의 경의를 표했기 때문이다. 나는 전혀 거드름 피우지 않고 자연스럽게 젊은 사람을 경의 있게 대하는 후지와라 선생님이 정말로 훌륭한 분이라고 느꼈다. 그날 이후 나도 젊은 사람들에게 후지와라 선생님처럼 다가가야겠다고 생각했다.

젊은 사람들과 어울리는 방법이라는 점에서는 고등학교 때의 은사인 오구라 유조 선생님도 내가 본보기로 삼는 사람 중한 명이다. 오구라 선생님은 나에게 한시 등의 뛰어난 글은 암송해야 좋다고 알려 주신 분이다. 《소리 내서 읽고 싶은 일본어》라는 책을 썼을 때 내가 쓴 메시지가 고등학교 때 오구라 선생님이 해 준 말과 똑같다는 사실을 깨닫고 마지막 교정 단계에서 오구라 선생님에게 의견을 얻고자 교정쇄를 보냈을 정도다.

얼마 전에도 선생님은 내가 출연한 NHK의 오피니언 프로그램을 보시고 어떤 점이 좋았는지 편지를 써서 칭찬해 주셨다. 나는 60세이며 선생님은 이미 80세 정도인데 아직까지도 선생님과 학생의 관계이기에 나는 선생님에게 칭찬받으면 정말로 기쁘다.

교사로서의 입장에서는 제자인 아나운서 아즈미 신이치로와의 관계에서 이와 반대되는 패턴을 느꼈다. 그도 이미 40대 후반이고 근무지인 TBS에서는 국장 대우를 받는 높은 위치에 있지만, 내가 볼 때는 학생 시절의 이미지가 그대로 남아 있어서 '아즈미 씨'가 아니라 '아즈미'라고 부른다. 그 관계성은 시간이 지나도 지속되고 있다.

그래서 나도 그를 만나면 오구라 선생님이 내게 해 주시는 것처럼 그의 일하는 모습에서 어떤 점이 좋았는지 구체적으로 예를 들어 진심으로 칭찬한다. 그도 방송국 안에서 지위가 높아져서 '당연히 일 잘하는 사람'이라는 입장이기 때문에 지금은 어떤 누구보다도 내가 그를 가장 많이 칭찬하지 않을까?

연배가 있는 사람이 나이 어린 사람을 대할 때는 기본적으로 칭찬하겠다고 마음을 먹는 정도가 딱 좋다. 나이 어린 사람이 연배가 있는 사람을 대할 때도 마찬가지다. 칭찬받아서 느끼는 기쁨은 나이 차를 메우는 보편적인 효과가 있기 때문이다.

누구에게나
정신적인 멘토가 필요하다

후지와라 선생님이나 오구라 선생님은 내가 나아가야 할 길에 대한 힌트와 교육자로서의 롤 모델을 제시한 존재이므로 내멘토, 즉 정신적인 지도자라고 할 수 있겠다.

나이에 상관없이 누구나 고민거리가 있을 때나 망설일 때 "이렇게 해야 한다"고 조언해 주는 존재가 필요할 것이다. 하지만 그런 존재를 원하는 사람들의 순수함을 틈타서 성실함을 사리사욕으로 이용하는 사람들이 있는 것도 사실이다. 이런 사람에게 속지 않도록 피해야 한다. 정신을 차려 보니 자신도 다단계 판매를 했다는 일이 일어날 수 있다.

그런 집단의 먹잇감이 되지 않도록 멘토를 잘 찾는 방법 중

하나는 확실하게 신원이 보증되는 직업을 가진 사람을 찾는 것이다. 예를 들자면 대학이나 고등학교의 선생님은 교사라는 입장이 있기 때문에 기본적으로는 그렇게 이상한 일은 하지 않는 사람들이다. 일부 문제 교사가 있는 것도 사실이지만, 그래도 학생에게 다단계 판매 같은 걸 권유하면 당연히 해고되니 최소한의 안전이 보장된다고 할 수 있다.

만약 멘토가 필요한 학생이 주변에 있다면 먼저 중학교나 고등학교, 대학교 교수님 중에서 최대한 인격이 뛰어난 사람을 추천해 줄 수도 있을 것이다. 고민을 친절하게 생각해 줄 법한 사람을 선택해서 상담하면, 원래 지식이나 경험도 풍부할 것이므로 "이 학교는 너에게 적합하지 않을까?", "이 자격증을 따 놓으면 나중에 도움이 될 거야", "이 대학교로 가고 싶으면 이런 준비를 해야 해"라고 친절하게 알려줄 것이다.

대학생의 경우에는 강의만 듣고 끝나면 그런 사적인 상담, 지도까지는 받지 못할 수도 있다. 학생에 따라서는 소그룹 수업이나 세미나가 아니더라도 '세미나풍'의 수업에 등록해서 들으면 그 교수님과 친해질 수 있다. 그렇게 형성한 사제관계를 토대로 졸업 후 취직한 뒤에도 교수가 여러 가지 상담을 해 주는 사례도 실제로 많다.

나도 얼마 전 졸업생의 상담을 해 줬는데 그 내용이 꽤 심각했다. 그 졸업생은 사립학교에서 비정규직 교사로 일했는데 담당하던 주 십여 번의 수업이 다음 연도부터 갑자기 없어졌다고 한다. 수업이 없어지면 대부분의 수입이 줄기 때문에 도저히 생활할 수 없다.

게다가 그 학교에서 이미 5년 동안 근무했다. 일본에서는 5년간 근무하면 다음 연도부터 기한이 없는 고용(무기한 고용)으로 전환을 신청할 수 있으며 법률상 학교는 거부할 수 없다. 학교가 계약이 무기한으로 바뀌기 직전에 계약 해지했다고 생각할 수 있다. 교무실에는 동정하는 동료도 있었다고 하지만 그 결정에는 아무도 거역할 수 없는 분위기였던 모양이다.

나는 상담하며 이러한 계약 해지는 지금 전국의 사립학교에서 횡행하고 있어서 그중에는 재판으로 발전하는 사례도 있다고 알려줬다. 또 '계약 중단은 무기한 고용 전환을 막을 목적으로 한 것이므로 승낙할 수 없다'는 의견을 문서로 교장에게 직접 통지하고 '외부의 노동조합에 가입해서 단체 협상을 하겠다'고 통지할 것, 이후 학교 측과의 대화는 증거 보호를 위해 전부 문서로 할 것, 최악의 경우 재판을 한 경우라도 과거의 판례에서 충분히 승산이 있는 싸움이라고 조언했다. 모든 논법을 구사해 학교 측과 협상한 결과 계약 해지는 무사히 철회되고 교사로 계속 일할 수 있게 되었다고 한다.

일련의 경위를 들으며 나는 꽤 상세한 조언을 주고 함께 싸웠다. 졸업생에게 그렇게까지 할 의무는 원래 없다. 하지만 교직 과정에서 학생들을 교사로 내보내는 사람으로서 힘들게 교사가 된 제자가 불합리한 일을 당했는데 알고도 못 본 척할 수는 없었다.

그래서 "앞으로 교사가 될 사람을 위해서라도 계약 해지를 저지하는 고등법원 판례를 자신이 만들겠다는 정도로 강한 마음을 가져라"라고 말했다. 당사자도 그 정도 각오를 하고 학교와 대치해서 사태를 타개할 수 있었다. 상대가 사립 고등학교라서 사회의 평판에 민감하기 때문에 고등법원까지 가서 싸우다 뉴스에 날 경우 그 피해를 학교가 견딜 수 없을 것이라고 판단했다.

그러나 그런 싸움을 젊은 선생이 혼자서 진행하기란 어렵다. 좀 더 경험을 쌓은 사람이 도와야 한다. 나는 내 수업을 들은 졸업생이면 누가 상담하러 와도 조언을 얻을 수 있는 전문적인 기관을 알려주거나 협상에서 상대방에게 제출할 문서를 함께 생각해 주고 있다.

졸업생인 이상 역시 남이 아니기 때문이다. 내가 키운 사람이 불합리한 처사를 받으면 나도 억울하고, 그 사람이 방향을 잃고 죽음까지 생각할 정도로 괴로워한다면 연장자로서 그 사람이 그런 생각을 하지 않아도 되도록 조언해 줄 필요가 있다.

나 같은 대학 교수의 경우에는 졸업한 학생과 평생 사제관계를 유지할 수 있다고 생각한다. 늘 학교에 있어서 무엇을 상담해도 일단 조언할 수 있다는 의미에서는 멘토로서 나름의 안정감이 있다.

그런 의미에서는 멘토를 찾는 사람이 있다면 학교와 같은 신분이 확실한 조직의 사람 중에서 찾는 방법을 추천하는 게 좋지 않을까 싶다.

상대방의 상식의 유무는
매우 중요하다

이런 생생한 인간관계와는 대조적으로 인터넷을 매개로 해서 모인 사람들의 관계에는 나이가 많고 적고를 떠나 아무래도 위험한 부분이 있다.

전에 인터넷 교류 사이트에서 알게 된 여고생이 처음 보는 사람과 만나서 위험한 약을 대량으로 복용해 사망하는 사건이 일어났다. 이 사건 자체는 아직도 진상이 밝혀지지 않아서 사고사인지 자살인지 아니면 타살인지 알 수 없다. 아무튼 인터넷에서 알게 된 인간관계에서 이러한 위험으로 발전하기 쉬운 사례가 많이 보이는 것은 확실하다.

따라서 나는 친구든 멘토든 인터넷에서 찾는 것을 추천하지 않는다. 수상하고 배후 관계도 명확하지 않은 모임이 아니라 확실한 조직에 소속된 사람, 공적인 기관의 직원이거나 대학교와 같은 대조직에서 가르치는 선생님 등 신분이 확실한 사람과 교류해야 안전하기 때문이다. 훗날 깨달았을 때는 이미 보이스 피싱이나 다단계 판매의 앞잡이가 되어 있었다는 실제 사례를 많이 보고 듣는다.

최근 증가하는 온라인 살롱(일본에서 유행하는 유료 회원제 커뮤니티—옮긴이)에도 단체에 따라 장단점이 있다. 이런 살롱의 주최자를 멘토로 삼아 배우는 것을 무조건 부정할 마음은 없지만, 적어도 주최자의 비즈니스, 장사 도구로 삼는 곳은 '좀 이상하다'라고 깨달을 수 있는 감성이 있어야 한다.

누가 위험하고 누가 위험하지 않은지 구분할 때는 상대방의 사회 상식 유무가 매우 중요한 판단 포인트라는 걸 알 필요가 있다. 상식이 없는 사람은 무엇을 하는지 알 수 없는 부분이 있다. 사회를 무시하는 사람은 누구든 무시할 수 있다.

하는 말이 너무나도 색다른 사람도 위험하다. 극단적인 경향을 띤 이야기는 농담으로 하는 말과 진심으로 하는 말의 의미가 전혀 다르다. 만약 극단적인 이야기를 농담이라며 한다면, 진짜 농담이었을 때는 그래도 상식의 선으로 돌아올 수 있다. 하지만 진심으로 극단적인 생각을 하는 사람의 사상에 물들면 자신도 위험한 장소에 끌려갈지 모른다.

또한 말하는 사람의 정신이 정상인지 아닌지도 잘 확인해야 한다. 이는 상식의 유무와도 관계가 있는데 그 사람이 정신적으로 건전하지 않을수록 제삼자의 눈에 매력적으로 비치는 경우가 종종 있다. 특히 원래 두뇌가 명민한 사람이 정신적으로 조증 상태에 빠지면 일반 사람과 달리 엄청나게 날카로운 이야기를 할 수 있는 경우가 있다.

하지만 정신이 건전한 것은 인간관계의 재미 이상으로 중요하다. 남에게 상처를 주는 걸 아무렇지 않게 생각하는 이른바 사이코패스 같은 사람 중에는 언뜻 보면 매력적인 사람이 많다고 한다. 하지만 좀 더 인격적으로 뛰어나며 매력도 있는 사람도 찾아보면 반드시 있다.

시부사와 에이이치(근대 일본의 대표적인 사업가로 일본 자본주의의 아버지로 불리며, 2026년부터 만 엔 지폐에 초상화가 실릴 예정인 인물―옮긴이)는 "좋은 나라란 어떤 나라인가"라는 질문에 "인격이 원만하고 상식이 있는 사람이 많은 나라다"라고 대답했다. 표면적으로 예리하고 뛰어나게 말하는 것보다는 상식 있고 원만한 인격을 중시해서 교류할 사람을 선택하기 바란다.

원래 사기에 잘 넘어가는 사람은 일확천금을 노리는 마음이 강할 수 있다. 자극적인 일을 추구하며 가상화폐나 선물 거래와 같은 하이리스크 하이리턴 투자에 손을 댄다. 친구를 찾는 사람에게도 타인에게 거는 기댓값과 감수할 위험을 계산할 수 있는 상식력이 필요하다.

책과 작가 모두가
인생의 스승이다

읽으면 가르침을 얻을 수 있지만 직접적으로 뭔가를 강요하지 않는다는 점에서 책이라는 존재도 안전하다. 예를 들어 마르크스의 《자본론》을 읽으면 자본주의에 대해 깊이 이해할 수 있고 그 사상에 매료되기도 한다. 그러나 그 자리에서 혁명운동이나 정부 타도 계획을 세운다거나 하는 일에 참여하는 것은 현대에서는 상당히 드문 사례다. 이런 거리감이 책에 존재할 수는 있다.

'사숙하다'라는 표현이 있다. 어떤 책을 읽고 마음의 책이라고 할 수 있을 정도로 만족하면 그 작가가 묘사하는 등장인물이나 작가 본인이 멘토가 되는 걸 뜻한다.

이를테면 소설가 시바 료타로는 지금까지 수많은 사람의 멘토 역할을 해온 작가다. 《언덕 위의 구름》을 읽은 사람은 메이지인의 기골 일부를 받아들였고 《료마가 간다》의 팬은 사카모토 료마와 같이 문명 개화적이며 어떤 분야든 기존형 시스템을 타파하는 일을 해 보고 싶다고 흥분한 적이 있을 것이다. 이런 작품을 정신적으로 헤맬 때 읽고 그 시대 사람들처럼 향상심을 갖고 살고 싶다며 힘을 얻은 사람들이 많다.

이는 반드시 고전이나 대가일 필요는 없다. 현대 작가 중에서 경애할 수 있는 사람을 찾아 그 사람이 쓴 책을 읽는 동안만이라도 마음이 진정된다면 소중한 재산이 된다. 작가 경력이 긴 사람이라면 작품이 20권, 30권씩 있을 수도 있다. 그 책들을 조금씩 읽기만 해도 날마다 기분을 조절하기 쉬워지지 않을까?

이런 행동을 통해 자기 자신을 알 수도 있다. 이를테면 이노우에 야스시는 역사소설, 전기 소설을 많이 썼는데, 그가 쓴 《칭기즈 칸》을 읽고 공감할 수 있는 부분이 있다고 하면 이는 평화로운 현대에 살며 잠들어 있는 자신의 칭기즈 칸과 같은 요소, 난세의 영웅 같은 자질이 어딘가에 있다는 뜻일 수 있다.

그렇게 자신을 이해하는 것만으로도 도움을 얻고 마음이 편해지는 경우도 반드시 있다.

거리감 없이
다가갈 수 있는 특권

청년의 특권에 대해서 잠깐 말해 보면, 윗사람이든 아니든 상관없이 다른 사람과의 거리감을 쉽게 좁힐 수 있는 점이라고 생각한다.

30대나 40대가 되면 좋든 나쁘든 사회성이 몸에 배기 때문에 남들과의 거리를 쉽게 메울 수 없다. 또 실제로 메우면 실례를 저지르는 경우도 자주 있다. 그러나 일반적으로 10대나 20대의 청년, 특히 학생은 나이가 많은 훌륭한 선생님과의 거리를 좁혀도 상대방이 그다지 불쾌해하지 않는다.

내가 젊었을 때 가르침을 받은 선생님 중에는 매우 위대한 분도 있었다. 그런 선생님에게 거리낌 없이 질문하고 나의 생각도 말했다. 그렇게 거리를 좁힐 수 있는 것은 젊은 사람의 장점이자 특권이므로 자꾸자꾸 사용해야 한다.

인연을 소중히 한다는 면에서도 거리를 가볍게 좁혀서 더 많은 사람과 알고 지낼 수 있다. 진지하게 이야기를 듣고 싶은 상대방이 생기면 과감하게 "이야기해 주세요"라고 부탁해 봐도 좋지 않을까?

내가 입시학원에 다니던 재수생 시절, 일본사를 가르치는 엄청 재미있는 선생님이 있었다. 소가 성을 가진 형제가 아버지의 원수에게 복수하는 내용을 장편 가요곡을 노래해서 소개하거나, 입시 범위에서 대폭으로 벗어난 초 마니악한 역사상 일화를 알려주는 것으로 유명해서 나는 이 선생님의 수업을 매우 좋아했다.

어느 날 나는 이 선생님의 수업에 감동한 나머지 편지를 써서 '선생님과 수업 외의 시간에 한번 이야기하고 싶습니다'라고 부탁한 적도 있었다. 선생님은 바빴는데도 그 부탁을 흔쾌히 들어주었고, 카페에서 두 시간 반이나 개인적으로 대화해 주었다. 그때 일은 지금도 멋진 추억으로 남아 있다. 그때 선생님이 알려준 책은 매우 소중한 애독서가 되었다.

내가 남을 가르쳐 보며 느꼈는데, 교사라는 직업은 그런 부탁을 받았을 때 그 사람이 매우 이상한 사람이 아닌 이상 아주 짧은 시간이라면 이야기해 준다. 그때 한 말이나 조언한 내용은 몇 년이 지나도 마음에 남으며, 그 자리에서 해 준 한마디가 평생의 방향성을 알려줄 때도 있다.

내가 대학생 때 다녔던 교실 중에 '노구치 체조'라는 교실이 있었다. 이 교실에서는 인간이 잠재적으로 가진 가능성을 최대한으로 발휘할 수 있는 상태를 준비하는 것을 목표로 하는 체조, 건강법을 알려줬고, 그 고안자인 노구치 미치조 선생님에게 직접 지도를 받았다.

그때 노구치 선생님이 인간의 몸의 이상적인 상태를 연상시키기 위해서 직접 매우 긴 채찍을 사용해 보여 준 움직임이 지금도 기억에 강렬하게 남아 있다. 이때 선생님은 채찍의 손잡이 부분을 살짝 흔들기만 했는데 그 작은 흔들림이 채찍 끝으로 전달되어 감에 따라 큰 물결을 이루고 마지막에는 끝부분이 크게 휘면서 바닥을 때렸다.

선생님의 말로는 인간의 몸도 흔들렸을 때 흔들림이 계속되는 부드러운 상태가 이상적이며 인간의 몸을 봉투로 비유한다면 그 봉투 속에 채운 액체 안에서 뼈가 떠 있는 상태가 좋다고 했다. 이를 채찍을 사용한 움직임으로 직접 보여 준 덕택에 나도 마음속에 떠올릴 수 있었고 이 이미지는 그 후 내가 신체 연구를 하는 데 힌트를 제공해 줬다.

이처럼 시간적 여유가 있을 때는 더 훗날까지 영향을 받을 수도 있는 뭔가를 바라며 다양한 장소를 찾아다니고 배우는 것도 추천한다.

5장

결과물이 없으면 시간 낭비다

교양을 키우는 방법 3 | **창작**

- 창조적이고 지적으로 사는 최소 조건은 결과물을 만들어 내는 것이다.

- 주변의 사람과 서로 지적인 압력을 주고받는 일은 중요하다.

- '책 소믈리에'에 따라 독서하는 것도 독서의 폭을 넓히는 좋은 방법이다.

- 할 수 있는 부분부터 빠르게 해내는 것이 중요하다.

콘텐츠의 범람으로
수동적으로 변하는 사람들

현대는 즐거운 일이 매우 많은 시대다. 나도 정액제 이용 방식으로 영상을 얼마든지 볼 수 있는 서비스로 넷플릭스와 아마존 프라임비디오 등 여러 군데에 가입했고 유료 위성방송에도 가입했다.

이런 서비스에서 볼 수 있는 영화나 드라마, 애니메이션, 버라이어티, 스포츠……. 이런 것을 한 사람이 평생 다 보기란 일단 불가능하다. 애초에 감상하기 위한 총 소요 시간을 합산하면 인간의 일생보다 훨씬 더 시간이 길어진다.

이는 인류가 지금까지 경험한 적 없는 상황일 것이다. 책을 제외하면 이만큼 방대한 오락을 이렇게까지 쉽게 볼 수 있는 시대는 예전에 없었다. 옛날에는 오래된 영화를 보고 싶어도 스트리밍 서비스는커녕 렌탈 비디오도 없었기 때문에 보고 싶은 작품이 영화 상영관에 걸리면 그 기회를 놓칠 수 없었다.

음악도 내가 학교에 다닐 때는 재즈카페에서 들었다. 마음에 든 곡이 있으면 카페 주인에게 요청해서 몇 번씩 듣고 이 앨범이 좋다고 확신이 들면 그제야 LP를 구매했다. 그렇게 만반의 준비를 해서 구매한 앨범은 첫 곡부터 마지막 곡까지 다 듣고 몇 번씩 반복해서 듣는 일이 보통이었다. 대졸 공무원의 첫 월급이 3만 엔이었던 1970년 당시에는 LP가 한 장에 2천 엔이나 했기 때문이다.

스트리밍 서비스의 경우 거의 무한할 정도로 방대한 곡 중에서 검색하거나, AI에게 추천을 받아서 듣기만 하면 되기에 아무래도 곡 하나하나에 대한 애착은 줄어들고 앨범이라는 개념도 희박해진다. 들으면서 좋다고 느낀 곡이 있어도 쉽게 들을 수 있는 수많은 곡 중 하나가 된다. 따라서 자신의 절대성과 같은 것을 그 곡에서 찾아내기 힘들어진다.

모든 오락을 저렴한 정액제로 볼 수 있고 또 유튜브와 같은 무료 미디어도 선택지에 더해지는 상황에서 사람들의 오락을 대하는 방법이 탈바꿈해서 '의식의 확산'과 같은 현상이 일어났다고 느낀다.

LP를 일 년에 몇 장 못 사고, 영화는 상영관에서 봤던 시절, 아무래도 사람들의 관심은 한정된 특정 작품에 집중했기에 그 작품을 대하는 방법에서 필연적으로 정체에 빠졌다. 그러나 선택지가 얼마든지 있는 현대의 스트리밍 서비스 사용자의 관심은 수증기처럼 균질적으로 확산되어 약해지기 쉽다.

나도 스트리밍으로 작품을 보면 재미있는 애니메이션이라도 완결까지 다 보지 못할 때가 있다. 방대한 선택지를 제시해 그 안에서 얼마든지 선택할 수 있으면 집중력을 유지하기가 힘들어진다.

또한, 스마트폰이나 리모컨을 조작하는 것만으로 방대한 작품에 접속할 수 있는 상태는 매우 편리한 한편 사람을 수동적으로 만든다. 스트리밍 서비스로 드라마나 애니메이션을 보기만 해도 충분히 즐거워서 정신을 차렸더니 주말이 끝났다는 경험을 한 사람이 분명히 많을 것이다.

일단 결과물을
만들어 내는 일이 중요하다

이러한 방대한 오락 작품이 공급되는 시대에서는 창조적으로 작품을 만드는 사람과 이를 수동적으로 계속 누리는 사람으로 나뉜다.

고토게 코요하루의 만화 〈귀멸의 칼날〉은 나도 매우 좋아하는 작품인데, 그처럼 자신의 창작성을 실컷 발휘해서 독창성이 있는 작품을 세상에 내보내는 사람과 그 작품을 그냥 즐기기만 하는 팬은 하나의 작품으로 이어져 있어도 하는 일의 질은 다르다.

이에 비하면 어떠한 결과물에 도전하는 사람, 예를 들면 스마트폰으로 동영상을 찍어서 편집하고 유튜브나 틱톡에서 공개하는 사람은 세상 사람들의 눈에 노출되는 것을 각오하고 자신의 작품을 내놓기 때문에 수용하기만 하는 입장에서 벗어난다. 퀄리티는 상관없이 그 자세 자체가 창조의 길로 가기 위한 입구에 서 있는 것과 같다.

내가 현대의 지적 생활에서 결과물이 중요하다고 생각하는 것은 그런 이유 때문이다. 결과물을 내놓기 쉬워진 시대에 만드는 사람과 받기만 하는 사람의 차이는 크리에이터와 같은 직업이 아니어도 크게 벌어진다.

창조적이고 지적으로 사는 것의 최소 조건은 일단 결과물을 만들어 내는 것이다. 두려워하지 않고 결과물을 내놓는 방식을 익히면 일상생활 속에 자극이 생기며 거기서 그 사람의 지성이 비약적으로 활성화된다.

나는 대학 수업에서도 학생들에게 가능한 한 결과물을 내놓게 한다. 최근에도《카라마조프가의 형제들》을 수업 교재로 사용했는데, 그냥 읽게만 하면 인상에 남지 않는 사람도 있을 것이라 토의하는 것만으로는 그 영향력이 여전히 부족했다.

그래서 모든 학생에게 '《카라마조프가의 형제들》을 소재로 한 짧은 콩트를 만들어 오라'고 무리하게 요구했다. 강의를 듣는 모든 학생을 4명씩 그룹으로 나눠서《카라마조프가의 형제들》중의 한 장면을 임의로 선택해 웃기는 짧은 콩트로 재편성하라는 미션을 내린 것이다.

《카라마조프가의 형제들》 자체는 이미 하나의 작품으로 성립했다. 이를 짧은 콩트로 재편성하는 것은 완전히 새롭고 창조적인 행위다.《카라마조프가의 형제들》은 실제로 읽어 보면 재미있고 웃음이 나는 장면이 많다. 그러므로 잘 해석해서 코미디로 바꾸어 대본을 쓰고 모두의 앞에서 연기하게 하는 것만으로도 충분히 창조적인 결과물이며, 때로는 이를 영상으로 찍어서 유튜브에 작품으로 올릴 수도 있을 것이다. 또한, 그만한 결과물을 내보내려면 책을 다시 읽어야 하므로 저절로 지식을 받아들이는 질도 높아진다.

이러한 시도에 대해 처음에는 잘할 수 있을지 불안해하거나 그런 재능은 없다고 생각하는 사람도 있었다. 하지만 자신에게 창조적인 능력이 있느냐 없느냐도 실제로 결과물을 봐야 알 수 있다. 이《카라마조프가의 형제들》의 미션은 막상 해 보니 모든 그룹의 완성도가 출중했다. 각각의 콩트가 너무나도 재미있어서 DVD를 원한다는 감상이 많았을 정도다.

재능이라는 것은 결과물을 내보내야 비로소 깨달을 수 있다. 반대로 결과물을 내놓지 않고 작품을 수용하기만 하는 수동적인 자세로 계속 지내면 자신의 재능도 깨닫지 못한다.

애니메이션을 보는 것만으로도 그 애니메이션의 원작자나

애니메이터들의 재능을 깨달을 수는 있다. 하지만 자신에게 잠재되어 있을지 모르는 재능을 깨닫지는 못한다. 재능이 움직이는 그 순간에는 감동하는 것만으로는 안 된다. 결과물을 재촉하는 어떠한 미션이 필요하다.

교양을 익히는 데
약간의 압력은 필요하다

세상에는 다른 사람의 힘을 빌리지 않고 자신에게 미션을 부과할 수 있는 사람이 있다. 야구 선수 오타니 쇼헤이는 직접 자극을 만들어서 자기 스스로 목표를 설정하고 해결하기 위해 맞설 수 있는 사람의 전형이다.

그러나 그렇게 할 수 있는 사람은 그다지 많지 않다. 대부분 사람은 수동적인 상태에서 벗어나 창조적인 방향으로 나아가려면 어떠한 미션을 주는 타인이 필요하다. 가장 큰 자극을 주는 사람은 친구일 것이다. '친구끼리 동영상 만들기를 기획해서 며칠까지 올리기로 약속한다.' 이것만으로도 충분한 미션이 된다.

하지만 그렇게 친구끼리 모여 틱톡 등에 영상을 올리더라도 그 영상을 좀 더 창조적으로 만들려면 거기에 어떠한 지적인 요소, 교양 요소를 넣어야 한다. 춤을 추며 찍는 것만으로도 창조적이라고 생각할 수 있지만, 미리 정해진 안무를 그대로 추기만 한다면 누구든지 어느 정도는 할 수 있다. 이를 정말로 창조적인 행위로 만들려면 안무든 편집 부분이든 뭐든 상관없으니 지적이고 독창적인 요소를 더하면 좋을 것이다.

비슷한 의미로 학생들에게 이것만은 읽어 두라고 적극적으로 제안하고 범위를 제한한다. 후쿠자와 유키치의《학문의 권장》과《후쿠옹 자전》, 데카르트의《방법서설》, 니체의《차라투스트라는 이렇게 말했다》, 공자의《논어》등 책 제목을 늘어놓고 "이 책들은 대학 1년 안에 읽어 놓아야 한다"고 첫 수업에서 가르친다. 그러면 고등학교를 갓 졸업한 그들은 그것이 상식이라고 좋은 의미에서의 착각을 해 순순히 읽는다.

지금까지는 그냥 읽지 않았을 뿐이며, 사실 요즘 사람들의 잠재력은 매우 높다. 그래서 우리가 지성을 익히려고 한다면 상식을 높이 설정해 놓기만 하면 된다.

초등학생을 상대로 한 수업에서도 "오늘은 나쓰메 소세키의《도련님》을 소리 내서 읽자"라는 목표 설정을 미리 해 놓고 6시간 정도 들여서 소리 내어 읽는 수업을 하면, 그 수업에 참가한 아이들에게서 독서에 대한 거부감이 사라지고 저절로 책을 읽게 된다.

요즘 아이들은 잠재력이 높아서 하면 잘하는데 사회가 아이들의 수준을 낮춰서 설정한다. 초등학생용 선정도서도 어린이를 위한 너무나도 알기 쉬운 책에만 치우치는 경향이 있다. 이는 아이들을 불필요하게 깔보는 것 같다.

요즘 사람들의 능력이 사회에서 일반적으로 생각하는 것보다 훨씬 더 높다는 걸 나는 의심하지 않는다. 그 대신 과제를 잘 만들어 내지 않으면 아무것도 하지 않은 채 끝날 가능성도 있다. 그래서 나는 자주성에 맡긴다는 말을 별로 좋아하지 않는다. 자주성에 맡기기만 하면 애써 갈고닦은 능력을 못 쓰게 만들 우려가 있기 때문이다.

서로에게 자극을 주는 환경이
배우기에 가장 좋다

사람이 지적이려면 그 사람을 격려하고 고무해 주는 사람, 흥미와 관심을 갖는 계기를 만들어 주는 사람의 존재가 매우 중요하다. 아이디어는 다른 사람의 자극으로 생겨난다. 서로를 자극하는 환경이 바로 배움의 환경이다.

사회에는 다양한 모임이 있지만 모든 모임이 그런 배움의 환경이 될 수 있는 것은 아니다. 10년, 20년 날마다 똑같은 동료와 화목하게 차를 마시는 관계도 있을 것이다. 가족도 자신이 태어난 이후 쭉 함께 지내는 관계이므로 가족 중 누군가에게서 새로운 자극을 받는 것은 해를 거듭할수록 줄어들 수 있다. 그것은 그것대로 기본적인 관계로 중요하며 안정을 가져다 주는 중요한 인간관계다.

그러나 배움의 공간은 가족과 같은 동질성이 아니라 차이를 의식하게 만들어야 발생한다. '세상에는 이런 세계도 있었구나', '이 사람은 나와 동갑인데 이렇게나 많은 책을 읽었네'라고 의식하면 자극이 된다. 이 자극이 있기 때문에 '그럼 나도'라는 마인드가 생긴다. 교사라는 존재도 자극 재료는 될 수 있지만 선생님이 아는 것은 어떤 의미에서 당연하다. 그런 점에서 같은 세대가 이런 일을 한다는 쪽이 자극으로는 훨씬 크다.

내가 가르치는 교직 과정 수업에서도 멤버의 나이대가 전부 같기 때문에 자극을 서로 주고받고 나도 그 자극을 이용하기도 한다. 예를 들어《카라마조프가의 형제들》을 읽는 경우 상, 중, 하 3권으로 1권당 600쪽이 넘기 때문에 다 읽으려면 나름의 기합이 필요하다.

그래서 "다 읽기는 힘들겠지만 지금 이 시기가 인생에서 가장 시간이 많을 때잖아? 일하기 시작하면 읽기가 더 어려워. 어떻게 할래?"라고 부추기면 읽어 보겠다는 학생이 나와서 리드해 준다. 그러면 별로 읽어 오지 않은 학생은 읽어 온 사람에게 자극을 받는다. 나이대가 같아서 자신과 비슷하게 바쁠 텐데 '쟤는 확실히 읽었다'며 열등감을 느낀다. 다음 주 수업에서는 신기하게도 모두 읽어 와서 토론도 열기를 띤다.

이렇게 되면 《카라마조프가의 형제들》에 관해 서로 이야기하며 토론할 수 있는 공간 그 자체가 매우 귀중하다고 서로가 인식한다. "대심문관 부분을 어떻게 읽었나", "스메르자코프는 어떤 존재인가" 등 일상생활에서는 하지 않는 이야기를 공통의 텍스트를 통해 이야기하는 것이 즐거워서 참을 수 없는 시간이 된다.

이는 보통 좀처럼 얻을 수 없는 상황이다. 일상생활에는 《카라마조프가의 형제들》을 읽어야만 한다는 압력이 존재하지 않고 도스토옙스키에 관해 대화하는 자리도 별로 없다.

옛날의 고등학교에서는 《카라마조프가의 형제들》을 안 읽었다고 할 수 없는 분위기가 있었다. 1970년대에는 "《카라마조프가의 형제들》을 읽지 않다니 말도 안 된다"고 할 정도의 분위기를 자아내는 사람이 고등학교나 대학교에 몇 명은 있었다.

스스로 이런 지적인 압력을 적절하게 슬며시 더한다면 새로운 흥미와 관심을 솟아나게 하는 기분 좋은 자극이 될 수 있다.

다른 사람의 추천으로
넓히는 지식의 폭

앞에서 '제한'에 관해서 이야기했는데, 나처럼 제한할 사람이 없는 경우에는 어떻게 해야 할까? 혼자서 책을 읽을 때는 단순히 자신의 흥미에 따라 좋아하는 작가, 좋아하는 장르만 읽기보다는 한 번쯤 '최소한 이 목록에 있는 책은 읽어 놓아야 한다'고 제시해 주는 가이드북을 활용하면 좋다.

내가 10대였을 때는 프랑스 문학자 구와바라 다케오의 편저 《일본의 명저-근대 사상》이나 역사학자 가와노 겐지의 편저 《세계의 명저-마키아벨리부터 사르트르까지》를 구해서 이 두 책에서 소개하는 책 약 100권부터 읽기 시작했다. 그렇게 토대를 만들었다.

가이드라인 역할을 하는 것은 다양하다. 일본의 신초사가 해마다 여름방학에 실시하는 캠페인 '신초문고 100권'은 최근에는 동시대 작가들의 작품 비율을 늘린 듯하지만 내가 젊었을 때는 거의 고전이라서 그 리스트를 참고로 삼았다.

또는 누군가 믿을 만한 사람이 추천해 주는 책을 닥치는 대로 읽는 방법도 좋다. 믿을 수 있는 사람이 좋다고 하는 책을 우선적으로 읽으면 선택으로 고민하는 시간을 줄일 수 있다. 음식이든 와인이든 이 사람이 추천해 주는 것은 대체로 확실하다고 하는 사람이 있다. 책도 그러한 '소믈리에'를 찾으면 된다.

라이프넷생명보험의 창업자이며 현재는 리쓰메이칸 아시아 태평양대학교의 학장을 맡고 있는 데구치 하루아키는 '책 소믈리에'의 대표적인 사람이다. 나는 그가 추천한 마르그리트 유르스나르의 《하드리아누스 황제의 회상록》을 '데구치 하루아키가 좋다고 한다면 읽어 봐야지' 하는 마음으로 읽어 본 적이 있다. 상상 이상으로 대단한 책이었다.

마르그리트 유르스나르는 세계대전 전후에 활약한 프랑스 작가인데, 이 작품에서는 로마 황제 하드리아누스의 이야기를 하드리아누스 본인이 자신의 인생을 회고하는 형식으로 그렸다. 아주 먼 옛날 고대 로마 황제의 심정은 보통 상상조차 할 수 없다. 그러나 20세기의 작가인 마르그리트 유르스나르가 사실을 기초로 해서 박진감 넘치는 필치로 그려 냈다. 읽다 보면 고대 로마에 관한 방대한 지식이 머릿속에 들어오는 동시에 자신이 시공을 초월하여 하드리아누스 황제가 된 듯한 기분이 든다. 그전까지 읽으려고 한 적도 없었던 이 책의 훌륭함을 알 수 있었던 것도 데구치 하루아키의 추천에 따랐기 때문에 가능했다.

나를 책 소믈리에로 인정해준다면 《고대 이집트 지식 도감》, 《말 많은 그리스 지식 여행》, 《고대 마야, 아스텍 불가사의 대전》 등 고대 문명에 관한 책을 추천한다. 이 책들을 쓴 작가 시바사키 미유키는 최근 《이스터섬 불가사의 대전》, 《안데스, 마추픽추 엉터리 기행》, 《고대 잉카, 안데스 불가사의 대전》을 간행했다.

시바사키 미유키의 책을 읽으면 책을 펼친 순간 '이 책은 가치가 있다'고 느낄 것이다. 전편이 손수 그린 일러스트와 함께 쓰여 있다. 시바사키 미유키의 작품을 읽으면 한 페이지마다 마음을 담아서 쓴 것이 일목요연해서 이것이야말로 책이라는 감동이 솟구친다.

세상에 좋은 책은 많지만 그 존재를 깨닫지 못하는 경우가 허다하다. 그런 점에서는 추천한 책을 읽는다는 선택지는 독서의 폭을 넓힌다. '이 사람이 추천한다면 읽어 봐야지' 하는 사람이 없어도 잡지나 신문의 서평란, 인터넷 서평 사이트 등 지금은 정보를 풍부하게 얻을 수 있는 곳이 많으니 좋아하는 미디어나 사이트를 찾으면 참고가 될 것이다. 독서의 폭을 넓히려면 믿을 수 있는 사람과 함께 공유하며 서로에게 추천하는 독서 서클을 활용하는 방법도 좋다.

자신이 읽어야 할 책을 찾을 때 말한 여러 가지 방법 중 인터넷에서 검색하는 방법은 매우 편리하다. 나는 인터넷을 어떻게 사용하느냐에 따라 좋을 수도 있고 나쁠 수도 있다고 생각한다. 스마트폰이든 컴퓨터든 태블릿이든 마음껏 사용해서 검색하고 정보사회의 혜택을 누릴 수 있을 만큼 누리기를 바란다.

나는 인터넷으로 조사할 때 처음 검색하여 나온 정보만 알아보고 끝내지 말고 최소 세 번 이상 검색하라고 지도한다. 그 이유는 처음 검색했을 때 나온 정보만으로는 가짜 정보를 찾을 가능성이 있기 때문이다.

찾으려는 검색어에 처음 검색해서 알게 된 새로운 키워드를 연결해서 두 번, 세 번 검색하는 '초검색'을 계속하면, 원래 찾고 싶었던 정보가 다른 여러 가지 요소와 복잡한 관계를 맺고 있다는 것을 실감할 수 있다. 즉, 단순하지 않게 더욱 입체적으로 이해할 수 있다.

검색에 이은 검색을 통해서 모든 일의 전체상이나 어디에 가면 무엇을 얻을 수 있고 무엇을 배울 수 있는지 한눈에 볼 수 있는 지도를 머릿속에 그려 낸다. 그 대략적인 지도를 만드는 작업을 할 때는 인터넷이 정말로 편리하다. 하지만 검색해서 얻은 정보만으로 만족하지 않고 거기서 자신의 몸을 움직여서 마음이 끌리는 장소에 직접 가거나 관련된 책을 읽어 보는 등 한층 더 행동으로 옮기는 것이 중요하다.

이러한 검색은 새로운 교양과 만나기 위한 계기로 이용해야 한다. 현대의 인터넷 공간에 퍼져 있는 정보는 너무나도 잡다해서 검색만 신나게 하다가 정신을 차려 보면 30대, 40대인데도 몸에 밴 것은 정보뿐이었다는 일도 있을 수 있다. 그렇게 되지 않기 위해서라도 단순히 정보를 얻는 것만으로 끝나지 않는 검색 방법을 터득해 놓자.

지성을 쌓기 위해 쓰는 돈은
가성비가 다르다

나는 책을 읽을 때는 되도록 도서관에서 빌리지 말고 구매해서 읽기를 추천한다. 돈이 없는 것은 어쩔 수 없으므로 아무리 해도 도서관에 의지해야 하는 상황이면 무리할 필요는 없다. 하지만 책을 읽을 때 제 돈을 들이는 효과는 분명히 있다. 기본적으로 책은 돈을 주고 구매하는 것이라고 생각한다.

나는 제 돈을 들인다라는 표현이 젊었을 때부터 마음에 들었다. 여기서 돈은 단순한 돈이 아니라 그 돈을 번 자신까지 들인다는 매우 절실한 뉘앙스가 있다. 제 돈을 들여서 산 레코드나 CD를 한 번도 듣지 않는 경우는 거의 없다. 마찬가지로 제 돈을 들여서 구매한 책은 읽다가 좌절해서 쌓아 놓더라도 한 페이지도 안 읽는 경우는 거의 없을 것이다.

도서관에서 빌린 책의 경우 읽지 않고 반납할 때도 많다. 그래서 나는 예전부터 도서관에서 빌린 책을 읽는 것에 거부감을 느꼈다. 도서관의 책은 반드시 반납해야 하는데, 그러면 그 책을 읽는 데 들인 내 귀중한 시간과 에너지를 회수할 수 없는 것처럼 느껴지기 때문이다. 자신의 시간과 에너지가 소중하다고 생각할수록 읽은 책은 자신의 책으로 삼고 싶다고 생각한다.

학창시절에는 아무리 생활이 힘들어도 한 달에 2만 엔은 책을 구매하는 데 쓰기로 결심했던 적이 있다. 특히 젊을 수록 책은 오락 삼아 읽는 것이 아니라 지식을 흡수해서 자신의 것으로 만들어야 한다. 그렇게 해서 손에 넣은 책의 내용은 평생 기억한다.

그래서 나는 수업에서 읽는 책이라도 기본적으로 도서관의 책은 피하라고 부탁한다. 내가 수업에서 교재로 사용하는 책은 《논어》나 《쓰레즈레구사》, 《카라마조프가의 형제들》과 같이 기본적으로 고전이므로 평생 곁에 놓고 읽을 수 있는 책이다. 또한 이러한 유명 고전은 대체로 저렴하게 살 수 있다. 평생에 있어 정말로 중요한 책이 고작 몇 백 엔으로 살 수 있다면 더욱 제 돈을 들여야 한다.

가성비라는 말을 흔히 사용하는데, 진정한 가성비는 실제로 쉽게 이해할 수 없다. 최애 아이돌의 굿즈를 응원하는 의미에서 사고 싶어지거나, 좋아하는 스포츠팀의 스폰서 기업 제품을 우선적으로 사고 싶어지듯이 돈을 쓸 때 응원하는 마음으로 쓰는 사람은 높은 행복감을 얻는 경향이 있다고 한다. 그 이유는 그 사람에게 그 물건을 사는 행위가 단순한 소비가 아니라 응원하는 상대에 대한 로열티, 충성심을 나타내기도 하기 때문이다.

마음에 드는 라멘집을 발견해서 그 가게가 망하지 않도록 자주 다니는 행동을 투자라고 하는 사람도 있다. 이처럼 자신의 행복감에 기여하는 돈을 쓰는 방법은 일반적인 가성비와는 차원이 다르다. 이렇게 자신을 행복하게 하는 것에 대해서 최대한 '제 돈을 들여야' 한다.

당장 할 수 있는 것부터
빨리 시작하라

여기까지 정보를 받아들이는 방법에 관한 이야기가 이어졌는데 지금부터는 다시 결과물을 만들어 내기 위한 이야기를 하겠다. 여기에서 말하는 결과물 만들기는 학생의 공부나 과제 제출, 직장인의 업무를 효율적으로 처리하는 방법에 관한 것이다.

결과물을 만들 때는 먼저 목표를 가정하고 그 목표에 최단 거리로 도달하기 위한 방법을 생각하는 행위가 시간을 절약하거나 좌절을 회피하는 데 효과적이다. 최종적인 완성 이미지를 갖고 그에 필요한 최소한의 일만 먼저 해치운다.

성을 공격하는 경우로 비유한다면, 성 밖의 해자를 메우는 작업은 하지 않고 단숨에 헬리콥터로 본성을 공격하는 이미지다. 군더더기 없이 최단 거리로 목표에 도달하려면 작업의 우선순위를 확실히 정하고 그 순서를 쉽게 바꾸지 않고 틀리지 않아야 한다.

나도 예전에 석사 논문을 쓸 때 사전 조사에 시간을 너무 들여서 실패한 적이 있다. 원고용지로 환산하여 200장을 써야 했는데, 조사하는 동안 '이것도 필요할지 몰라', '저것도 조사해 놓으면 더 좋은 논문을 쓸 수 있겠지'라고 생각하며 자료를 모았다. 정신이 들고 보니 자료만 산더미처럼 쌓이고 중요한 논문 집필은 전혀 진행하지 못하는 악순환에 빠졌다.

이때 나는 뭐든 상관없으니 일단 쓰는 일을 해야 했다. 먼저 쓰기 시작해서 쓰는 도중에 조사해야 하면 다시 조사하는 방식으로 진행하면 논문을 더 빨리 썼을 것이다. 이 석사 논문을 집필했을 때의 경험으로 엄청 후회한 이후, 나는 논문을 쓸 때 사전 조사는 최소한으로 줄이고 먼저 쓰기를 우선시해서 불완전하거나 모호한 부분은 나중에 조사해서 덧붙이면 된다고 딱 잘라 생각했다. 이렇게 해서 논문을 다 쓸 때까지의 속도는 전과 비교할 수 없을 정도로 빨라졌다.

논문 한 편을 다 쓰면 내 안에서 쓸 만하다고 여겨지는 새로운 주제가 두세 개나 생긴다. 논문이 논문을 데리고 오는 상태가 되어 목표에 도달하면 또 새로운 경치가 보인다. 이는 결과물을 만들어 내는 것이 정보를 받아들이는 수준도 높이기 때문에 일어나는 일이다.

예전에 나는 먼저 정보 입력의 질과 양을 담보해야 양질의 결과물도 생긴다고 굳게 믿었다. 이는 성을 공격해서 무너뜨리려고 성의 둘레를 빙글빙글 돌기만 하는 것과 같은 완전한 착각이다.

전에 지금까지 내가 출간한 저서의 수를 편집자가 조사한 적이 있다. 문고 등도 포함하면 1천 권 정도였다고 한다. 나도 깜짝 놀랐다. 이것도 먼저 '최단 거리'를 원칙으로 해서 논문과 책을 쓰고, 그것을 쓰는 동안 좀 더 쓰고 싶은 마음이 계속 생겼고, 그 새로운 쓸거리를 또 최단 거리로 쓴 결과다.

나는 내가 실천하는 이 방식이 요리사와 닮았다고 생각한다. 요리사는 그날에 사용하는 식재료를 보고 무엇을 만들지 결정한 시점에서 자신이 만드는 요리의 최종적인 형태와 거기에 이르기까지의 과정을 순식간에 머릿속에 떠올린다. 실제 조리할 때도 칼이나 냄비를 사용해 가며 그 완성 이미지에 도달하기 위해서 최단 거리로 갈 것이다.

결과물을 최단 거리로 만들어 내는 비결 중 히니로 가장 하기 쉬운 일을 맨 처음에 착수하는 방법이 있다. 책도 '시작하며' 부분을 가장 먼저 쓰기 시작하는 사람은 별로 없다. 소설가도 먼저 머릿속에 있는 쓰고 싶은 장면의 이미지를 가장 먼저 쓰고, 그 장면에 이르기까지의 스토리와 등장인물 간의 인간관계 등은 나중에 생각한다는 사람도 꽤 많다고 한다.

쓸 수 있을 듯한 부분부터 먼저 써 보면 점점 쓴 글의 양, 그러니까 글자 수가 늘어나면서 용기가 솟는다. 그러면 점점 분위기를 탄다. 글을 쓸 수 있느냐 없느냐로 고민하는 쓸데없는 시간을 보내지 말고 일단 쓸 수 있는 부분부터 쓰기 시작하자.

일은 귀찮아지기 전에
바로 처리한다

바쁜 사람에게 일을 부탁해야 빨리 끝난다는 말이 있는데, 나는 여기에 동의한다. 바쁜 사람은 지금 맡은 일을 마쳐도 다음 일이 기다리기 때문에 어떻게든 지금의 일을 정리하려고 하며 최단 거리를 찾기 때문이다. 이에 비해 시간이 있는 사람은 일하는 방법에 대해 불필요하게 이것저것 생각해서 기한에 아슬아슬하게 맞춰서 착수할 때도 있다.

내가 지도하는 〈일본어로 놀자〉에는 속담 카드나 이로하 카드(한글 카드, 알파벳 카드와 비슷한 개념—옮긴이), 명문장 카드 등 아이가 카드놀이를 하는 코너가 있다. 나는 이 카드의 문장 만들기도 담당했다. 이때도 담당 프로듀서가 의뢰한 그날에만

약 50장 분량의 글귀를 전부 생각해서 보냈고, 프로듀서가 감탄하다 못해 깜짝 놀란 적이 있다.

또 한번은 초등학교 1학년이 배우는 한자 80자와 2학년이 배우는 한자 160자를 외우기 위한 합계 240장 분량의 카드 글귀를 생각해 달라는 의뢰를 받은 적도 있는데, 이때도 이틀 만에 해치웠다.

내가 이처럼 초스피드로 일을 처리하는 이유는 일이라는 행위가 시작을 미룰수록 귀찮아진다는 것을 알고 있고, 스스로 그 귀찮음을 참지 못하기 때문이다.

여름방학 숙제를 방치해 놓으면 개학일이 다가올수록 점점 마음이 무거워진다. 그와 마찬가지로 질질 끌면 끌수록 자신이 괴로워질 뿐이기에 빨리 끝내고 싶다. 그래서 일을 빨리 끝내는 비결은 언뜻 보면 역설적인 듯하지만 '궁극의 귀차니스트'가 되는 것이다.

또 일이라는 행위는 상대방이 제안한 순간이 가장 흥겹고 그 일에 대해 기대하는 마음이 생긴다. 하지만 그런 상태는 시간이 지남에 따라 점점 약해진다. 그래서 나는 일을 부탁받으면 되도록 그날 안에 해치우고 그 작업을 시작하면 그것만 생각한다.

요즘에는 발바닥 마사지를 받다가도 아이디어가 떠오르면 아프다고 엄살을 피우면서 스마트폰을 꺼내 메모장 앱에 메모

한다. 그 메모를 복사하고 붙이기만 하면 상대방에게 메일을
보낼 수도 있다.

쇠는 뜨거울 때 두들기라는 말이 제일이다.

예정보다 앞당겨서 일하면
의욕이 떨어지지 않는다

일을 의뢰받으면 즉시 실행한다는 행동의 장점을 생각하다 보니 내가 지금처럼 여러 가지 주제로 책을 쓰게 되기 전의 시기가 생각난다.

당시 내가 연구한 '자세, 배짱 문화'에 관하여 아사히신문의 기자가 이야기를 듣고 싶다며 도쿄에서 내가 볼일 때문에 있었던 야마나시현까지 일부러 취재하러 왔다. 그 취재 후 내 주장을 아사히신문의 오피니언 칸에 올리고 싶다며 칼럼 원고를 의뢰했다.

이때 나는 무명의 연구자에 불과했기에 내 칼럼을 아사히신문의 오피니언 칸에 실어 주다니 좀처럼 없는 기회라고 생각했고, 그 즉시 써서 다음날에 원고를 보냈다. 너무 빠른 속도에 그 기자는 "벌써 다 썼나요?"라며 어이없어했다.

원고를 의뢰한 다음 날에 보내다니 확실히 신문사에서는 이상하게 빠르다고 느낄지 모른다. 그러나 글의 내용은 의뢰를 받은 그 시점에서 이미 10년, 20년 전부터 계속 생각해 왔던 것이었으며, 나는 전국지에 실리는 기회에 대한 고양감으로 넘쳤다. 그래서 순식간에 일을 마무리하고 보냈다.

그 내용이 실린 칼럼을 NHK 출판의 편집자가 보고 이를 주제로 책을 써 달라고 해서 2000년에 《신체 감각을 되찾다》를 간행했다. 이 책이 신초학예상(일본의 권위 있는 학술상—옮긴이)을 수상한 일은 나에게도 하나의 전환점이 되었다.

이러한 경험에서도 일은 앞당겨서 할수록 좋은 점이 많다는 확신을 받았다. 아사히신문의 기자가 칼럼 의뢰를 했을 때 내가 "조금 생각해 보겠다"고 대답하거나, 쓰는 데 2개월이나 3개월이 걸리면 글을 실으려고 하는 기자의 마음도 차가워졌을 것이다.

비즈니스의 세계에서도 경영자끼리 이야기할 때는 즉단즉결로 정해지는 경우가 많은 모양이다. 기업의 광고나 브랜딩 분야에서 활약하는 한 크리에이티브 디렉터는 상품 디자인 의뢰를 받았을 때 당시 이 회사의 대표에게 디자인한 실제 물건을 직접 보여 줬더니 단번에 결정되었다고 한다.

어떤 일이라도 기세는 매우 중요하다. 부탁받은 일을 그날 안에 처리하거나 "예상안 두 가지를 부탁합니다"라는 의뢰에 대해서 10가지나 20가지를 제안할 정도의 기세로 일을 할 수 있으면 자신의 열정 덕분에 일은 바쁨에 관계없이 오히려 편해진다.

그러나 시간이 경과하여 자신의 열정이 계속 떨어지는 상황에서 하는 일은 시간적으로 여유가 있는 경우라도 마음이 무겁고 고통스럽기까지 하다. 원래 나는 질질 끄는 스타일이어서 여름방학 숙제를 개학일 전날 하는 타입의 아이였다. 하지만 그렇게 질질 끌다가 쌓이는 스트레스가 너무나도 괴로웠기 때문에 빨리 어깨의 짐을 내려놓기 위해 해야 하는 일에 즉시 대응하는 방침으로 전환했다.

반드시 해야 하는 일이 여러 가지가 있다면 자신의 눈에 띄는 장소에 할 일 목록을 써 놓고 끝난 일부터 체크하면 좋다. 그 표시가 늘어나는 것을 보는 것만으로 기분이 밝아진다.

참고로 데드라인 방식도 있다. 마감을 사수하는 방식이다. 궁지에 몰렸을 때 생기는 힘도 있다. '마감은 죽을 각오로 지킨다!'라는 의지로 과제나 일을 이겨 내는 방법도 있다.

집중할 수 있는
환경을 구매한다

결과물을 빨리 만들어 내려면 시간을 의식해 가며 카페나 패밀리 레스토랑에서 집중해 과제와 일에 착수하는 방법도 좋다. 패밀리 레스토랑에는 그다지 오래 앉아 있을 수 없다. 그곳에 공부 및 업무 도구를 들고 가서 있을 수 있는 시간이 두 시간이면 그 두 시간 안에 반드시 끝낼 마음으로 임한다.

나는 이런 행동을 젊었을 때 심야 영업을 하는 패밀리 레스토랑에서 자주 했다. 당시에는 자식이 어렸기 때문에 집에서 일하기 어려웠다. 아이가 잠든 후에 두 시간만 하기로 정하고 패밀리 레스토랑에 가서 다른 손님에게 방해되지 않도록 구석의 카운터 자리에서 일했다. 스스로 제한 시간을 설정한 패밀리 레스토랑 집중법은 놀랄 정도로 일을 순조롭게 진행하도록 해 주었다.

카페나 패밀리 레스토랑의 경우 오래 있어 봤자 두 시간 정도가 한계다. 따라서 그 두 시간을 자신에게 허락된 시간으로 설정하고 압력으로 잘 이용하자. 그 가게에서 나오면 그만하기로 정해 놓는 것도 중요하다. 그렇게 하지 않으면 결국 시간을 질질 끄는 처지가 되어 그다지 의미가 없다.

현대의 비즈니스를 생각하면 일부러 회사까지 가지 않아도 노트북이나 스마트폰만 있으면 할 수 있는 일이 늘어났다. 스마트폰으로 검색을 거듭하면 대략적인 일은 조사가 끝나고, 자료나 문서 작성도 스마트폰만 있으면 할 수 있다. 대기업에서 이사로 일하는 내 친구도 최근에는 스마트폰이 있으면 어디에서나 일할 수 있기 때문에 해외 출장이 매우 홀가분해졌다고 했다.

그런 만큼 집이나 사무실도 아닌 집중하기 위한 장소를 확보할 수 있다면 이를 위해서 돈을 지불할 가치는 충분히 있다. 나는 《15분이 있으면 카페에 들어가라》라는 책까지 냈는데, 이 집중하는 시간을 돈으로 사는 것에는 커다란 가치가 있다고 생각했기 때문이다.

SNS의 문제점은
집중력의 중단에 있다

현대의 비즈니스는 스마트폰으로 대부분의 일이 해결된다고 했는데, 특히 메일 답장 등은 대체로 스마트폰을 사용하면 이동하는 시간에 할 수 있다. 나도 답신을 보내야 하는 메일이 하루에 평균 10통에서 20통은 있다.

대학이라는 조직에는 교수인 내가 "알겠습니다"라고 대답하지 않으면 사무직원이 이러지도 저러지도 못하는 업무가 많다. 그런 메일들은 모아서 이동 시간, 또는 카페에 들어갔을 때 "알겠습니다"라고 한꺼번에 답하고 있다. 짧은 시간에 정리해서 답신하는 버릇이 들면 메일을 쓰는 데 드는 시간을 단축할 수 있다.

메일의 용건에서 중요한 것은 결국 예, 아니오와 같은 결론이므로 문장에 공을 들이는 행위는 별로 좋지 않다. 예를 들어 어떤 일에 관해 스케줄을 다시 조정해야 하면 거기서 자세히 논의해 봤자 그다지 의미가 없다. 자신이 재조정을 승낙할 것인지 말 것인지 간결하고 알기 쉽게 전달해야 상대방에게도 친절하다.

또 용건이 여러 방면에 걸치거나 어느 정도 복잡한 내용이라면 자신의 용건은 항목별로 써서 조금이라도 알기 쉽게 답장을 보내는 것이 좋다. 나도 '시간은 몇 시까지다', '기한은 며칠이다'라고 항목별로 쓴 메일을 받으면 늘 고마운 마음으로 읽는다.

실제로 대부분의 용건은 이렇게 간결한 메일을 주고받는 것만으로 의사소통이나 확인도 충분히 할 수 있으므로 어떤 일을 하든지 기본적으로 사전 미팅은 하지 않는다. 미팅에서 상담하는 내용은 전부 메일로 처리해 놓고 상대방과 만난 시점에서는 바로 본론으로 들어갈 수 있게 한다.

이는 말하자면 외과의사의 기분일 수도 있다. 외과의사는 눈앞에 있는 환자의 혈관이 끊어져서 피가 뿜어져 나온다면 숨돌릴 틈도 없이 봉합해야 한다. 그런 외과의사와 같은 이미지로 일을 하는 것이다.

스마트폰으로 메일을 보낸다고 이야기했는데, 이외에도 스마트폰의 용도에는 여러 가지가 있다. 교양 있는 생활을 하기 위해서는 아오조라문고(일본의 인터넷 전자도서관—옮긴이)의 앱을 설치해서 근대의 문호가 쓴 작품을 닥치는 대로 읽는 방법도 있다. 사용하기에 따라 좋은 물건이 되기도 하고 나쁜 물건이 되기도 하는 것은 스마트폰이나 TV를 비롯한 구세대 도구나 마찬가지다.

스마트폰의 경우 내가 별로 생산적이지 않다고 느낀 것은 SNS로 분류할 수 있는 것 중에서도 친한 사람과의 대화를 주된 목적으로 설계한 라인LINE이다. 라인의 그룹 여기저기에 들어가 있는 탓에 거기서 주고받는 일상적인 메시지에 대해 답하느라 시간을 허비한다. 그래서 다른 중요한 일에 집중하기 어려워진 사람이 있는 것 같다.

나도 스마트폰을 사용하기는 하지만 라인과 같은 유형의 SNS는 하지 않는다. 많은 사람이 사용하는 도구를 쓰지 않아서 불리한 적은 없는지 자주 물어보는데, 전혀 하지 않아서 오히려 엄청난 혜택을 누리고 있다고 느낀다.

나는 라인의 문제가 메시지를 주고받는 데 소비하는 시간의 절대량 이상으로 자신의 사정과 상관없이 메시지가 도착하면 집중력이 날아가 버린다는 점에 있다고 본다. 물론 친구와 대화를 나누는 행위가 나쁜 것은 아니다. 하지만 똑같은 대화를 하더라도 카페나 술집에서 상대방과 마주 보는 것과 일하거나 공부를 하는 도중에 착신된 라인 메시지에 정신이 팔려서 하던 일을 멈추고 답장을 보내는 것은 의미가 완전히 다르다.

이를테면 고속도로에서 목적지까지 가야 하는데 그 사이에 몇십 번이나 정차를 강요당하는 것과 같다. 그렇게 정차를 반복하면 고속도로를 달리는 의미가 없어진다. 자신이 바라지 않는 정차를 반복하는 사람과 시속 100킬로미터를 유지하는 사람의 생산성에 차이가 생기는 것은 불 보듯 뻔하다.

시속 100킬로미터의 상태, 집중 모드를 유지해서 자신의 작업을 중단하지 않도록 하려면 적어도 집중해야 하는 한 시간 정도의 시간은 스마트폰을 가방 속에 넣고 소리도 울리지 않게 해 놓아야 한다.

나도 업무 메일을 대량으로 받는데, 앞에서 말했듯이 즉시 답신하려고 의식하지 않고 한꺼번에 보낸다. 업무 메일의 답신이 한 시간 정도 늦어져서 치명적인 일이 일어나는 경우는 거의 없다. 뭔가에 집중하고 싶을 때는 이런 식으로 스마트폰을 얌전히 보관하고 그동안에 온 연락은 일이 끝나고 한 번에 대응하도록 한다.

라인의 경우 '읽음' 표시가 붙기 때문에 빨리 답장을 보내야 한다고 생각하는 사람도 많은 모양이다. 가방에 넣은 한 시간 사이에 온 메시지는 애초에 보지 않기 때문에 '읽음' 표시도 붙지 않는다. 친구의 연락에 고작 한 시간도 기다리지 못하는 경우는 없다. 한 시간도 기다리지 못하는 관계는 친구라고 할 수도 없다.

만약에 한 시간도 손에서 놓을 수 없을 정도로 스마트폰에 의존한다고 느낀다면 자신이 한 시간 사이에 스마드폰 화면을 얼마나 봤는지 스마트폰 기능을 사용해서 가시화하면 좋다. 날마다 몸무게를 재는 행동이 다이어트의 동기부여를 지속시키는 것과 똑같다. 스마트폰도 자신이 다루는 방법을 객관적으로 아는 것이 의존증을 억제하는 힘이 된다.

리드미컬한 운동이
집중력을 일으킨다

집중력을 얻으려면 몸을 움직이는 방법이 있다. 일하다 정체 상태에 빠지거나 쉽게 결단할 수 없는 어려운 사안에 직면할 때는 일단 산책하러 나간다는 사람이 있다. 산책하러 나가서 걷다 보면 왠지 모르게 생각이 정리되어 결단하기 쉬워진다고 한다.

소프트웨어회사 사이보즈의 사장도 그런 타입인 듯하다. 일에서 어려운 결단을 내려야 할 때는 니혼바시에 있는 사이보즈 본사에서부터 바다까지 걸어갔다가, 돌아올 때까지 생각을 정리한다며 나와 함께 일할 때 이야기해 줬다. 회사로 돌아왔을 때에는 반드시 머리가 맑아진다고 한다. 내가 시민대학의 강사로 일했을 때 학생으로 참가한 70세 정도의 남성도 뭔가 망설이는 일이 있을 때는 "일단 공원을 활보한다"고 했다.

망설일 때 집 안에 있으면 더 답답하고 울적해진다. 집을 나와서 바깥 공기를 들이마시며 걸어 다니면 신기하게도 머릿속이 정리된다. 집에 돌아오고 나면 인간관계든 업무상의 문제든 집에만 있었을 때보다 대단한 문제가 아닌 것처럼 느껴지고 망설이던 문제에도 결론이 나오는 때가 있다.

산책 외에도 자전거를 타거나 잠수하는 등 단순한 운동은 사고를 집중하는 데 도움이 된다. 나는 20대 시절부터 때때로 수영장에서 잠수하는데, 바닥까지 잠수해서 헤엄치면 바닷속에 있는 듯한 느낌이 들어서 신기하게도 집중할 수 있고 책에 관한 아이디어도 떠오른다. 무심해지는 감촉을 얻을 수 있어서 나는 선禪 수영이라고 부른다.

테니스도 좋아해서 정기적으로 치는데 테니스를 할 때면 아드레날린이 나오는 느낌이 든다. 한편 자전거나 잠수, 산책과 같은 단순하고 규칙적인 운동은 세로토닌이 잘 작용해서 마음을 안정시켜 주는 듯하다.

세로토닌은 집중력과 밀접한 관계가 있는 뇌내 신경전달물질인데 이는 리드미컬한 운동을 하면 잘 분비된다고 한다. 초조해할 때 사람이 무의식중에 다리를 떠는 것도 다리 떨기의 리드미컬한 움직임으로 세로토닌의 분비를 재촉하는 것이라고 생각할 수 있다.

작심삼일이 아니라
작심이주가 되자

이 책의 내용도 얼마 남지 않았다. 후반부에서는 창조적으로 살아가기 위해 용기를 갖고 결과물을 만들어 내는 것과 또 결과물을 효율적으로 만들어 내기 위한 방법에 대해서 조언했다.

하지만 '오늘부터 독서하자!'라고 결심했는데 오래 지속하지 못했다고 해서 자신의 약한 의지에 주눅들 필요는 없다. 오히려 '작심삼일로 끝나는 일을 많이 반복하는' 정도면 된다. 나도 지금까지 온갖 일에 손을 댄 결과 오래 지속하지 못한 일이 많았기에 알 수 있는데, 지속하지 못하는 일을 억지로 계속할 수는 없다.

작심삼일이라고 해도 말 그대로 3일 만에 좌절하면 조금 부족한 느낌이 있으니 작심 2주 정도를 목표로 하는 것이 최선의 방법이지 않을까? 대부분의 일은 2주면 의욕을 유지할 수 있고, 2주라는 짧은 기간이라도 정말로 열심히 몰두해 보면 몸으로 느끼는 뭔가가 있을 것이다.

나는 한때 퉁소 연주가 후지와라 도잔과 함께 '활기찬 신 호흡 입문'이라는 호흡법을 배우기 위한 CD를 만든 적이 있다. CD를 듣는 사람이 후지와라 도잔의 퉁소 소리에 맞춰서 호흡하면 몸과 의식이 안정되어 마음이 편안해지는 감각을 체험할 수 있는 꽤 획기적인 시도였다.

나는 원래 후지와라 도잔의 음악을 좋아했고 퉁소도 호흡법을 구현하는 악기로 동경했다. 하지만 퉁소는 소리를 내는 것만으로도 상당히 어려운 악기라서 전문적인 연습을 거듭해야 볼 수 있다. 그래서 후지와라 도잔에게 "초보자가 연습하기에 좋은 퉁소는 없나요?"라고 물어봤더니 그는 친절하게도 초보자라도 요령을 쉽게 이해할 수 있는 퉁소를 보내 줬다.

사실을 말하자면 작심 2주로 끝난 일 중 하나였다. 그래도 2주 동안은 열심히 연습해서 소리만은 대충 낼 수 있었다. 곡을 연주하는 것까지는 할 수 없었지만, 퉁소를 손가락으로 눌러가며 숨을 불어 넣어서 그 독특한 소리는 즐길 수 있었다. 나는 소리를 낼 수 있게 된 것만으로도 작심 2주로 끝난 퉁소 연습에 의미가 있었다고 생각한다.

일반적으로 봐도 2주라는 기간은 사람의 동기부여를 보장할 수 있는 한계선이 아닐까? 새로운 일에 도전할 때의 고조된 마음이 한 달 후에도 지속될지는 자신도 알 수 없다. 하지만 2주 후라면 그때의 자신이 어떤 마음이고 의욕이 얼마나 남아 있는지 대충 상상할 수 있다.

또한, 2주면 나름대로 반복 연습할 시간도 있기 때문에 최소 기술 하나 정도는 익힐 수 있다. 나는 가라테의 형을 배운 적도 있는데, 이것도 2주 동안 계속 한 가지 형만 연습하니 대강의 움직임은 터득할 수 있었다.

2주 동안 계속해서 힘들지 않다면 본인이 '계속력'을 분발하지 않더라도 저절로 계속할 수 있는 가능성이 크다는 뜻이기도 하다. 그것이 본인에게 적합한지 판단할 수 있는 딱 좋은 경계선이라고 할 수 있다. 3일이면 자신의 적성에 맞는지 안 맞는지 알 수 없지만 2주 동안 해 보고 지속된다면 그 후에도 지속될 것이다. 2주를 넘어서 할 수 있을 것 같은 마음이 들지 않으면 거기까지 하고 딱 그만둔다. 그 정도의 사고방식이면 되지 않을까?

원래 반드시 계속해야 한다는 자세는 삶으로서 너무나도 답답하다. 대부분은 지속하지 못한다는 정도의 마음가짐이라도 상관없다.

　나는 독서도 마찬가지라고 생각한다. 책도 끝까지 읽는 것을 목표로 하면 다음 책을 읽지 못하게 된다. 그래서 어떤 책을 읽으려다 좌절했다면 지금은 자신에게 적절한 시기가 아니었다고 생각하고 다음 책을 읽는다. 그 정도의 편안한 마음가짐이면 충분하다.

라이프 스타일을 만드는
미디어

정보를 받아들이는 수단으로는 잡지에도 아직 버리기 힘든 매력이 있다. 나는 〈Number〉라는 스포츠 잡지를 창간호부터 거의 빠짐없이 읽었는데, 이 잡지를 읽은 덕에 스포츠에 관한 지식을 막대하게 늘릴 수 있었다. 〈Number〉에는 오타니 쇼헤이 선수처럼 평소에 미디어 취재에 잘 응하지 않는 운동선수가 등장할 때가 많고, 인터뷰 기사를 통해서 좀처럼 짐작할 수 없는 선수의 심정이나 생각을 밝히기도 한다.

재즈 전문지 〈스윙 저널〉이나 음악평론가가 창간한 서양음악잡지 〈rockin'on〉 등도 한때 자주 읽어서 음악에 관한 지식도 축적했다. 이 회사가 간행하는 컬처 잡지 〈CUT〉도 일본과

해외의 영화감독에 대한 롱 인터뷰를 읽을 수 있는 귀중한 미디어이기에 선호했다.

잡지에서만 볼 수 있는 전문적인 인터뷰 기사, 특히 롱 인터뷰를 읽으면 영화든 음악이든 스포츠든 이를 창조하는 당사자의 목소리를 알 수 있고 작품이나 경기를 보는 이해도와 흥미가 압도적으로 깊어진다.

또는 지면의 대부분을 특집 주제 하나로 구성하는 잡지에는 그 지면을 만든 편집자들의 열기가 저절로 드러난다. 이런 잡지의 회심의 호라는 것은 잡지 한 권이라는 틀을 넘어 하나의 작품으로 성립하는 것처럼 느끼게 한다.

최근에는 잡지를 애독하는 사람이 줄었지만 그럼에도 다양한 종류의 잡지들이 간행되고 있다. 왠지 모르게 나한테 딱 맞다고 느끼는 잡지가 누구에게나 한 권은 있지 않을까?

예전에 학생들에게 "애독서는 무엇인가요?"라고 물었을 때 어느 여학생이 "〈CanCam〉이요"라고 대답했다. 확실히 그녀는 패션 잡지 〈CanCam〉을 읽는 만큼 복장이 화려했는데, 어울리지 않는 옷을 입은 느낌이 들지 않았고 자신만의 스타일대로 입었다고 느꼈다. 그녀에게 〈CanCam〉은 '딱 맞는' 잡지였을 것이다. 패션 잡지를 읽고 그 세계를 확실히 자신의 것으로 만들 수 있다면 단순한 패션 정보를 얻는 것보다 더 큰 영향력을 느낄 수 있다.

어떤 잡지에 빠져드는 것은 자신만의 라이프 스타일을 만드는 것과 같다. 〈미ST〉라는 여성용 미용 잡지는 '미마녀(35세 이상의 재색을 겸비한 여성—옮긴이)'라는 단어를 만들어 냈는데, 이 말 하나만으로도 독자층인 40~50대 여성의 의식에 큰 영향을 줬다.

잡지는 생활의 리듬을 만들기도 한다. 성인이 되어도 〈주간 소년 점프〉를 계속 구입하는 사람이 있는 이유는 월요일이 〈드래곤볼〉이나 〈슬램덩크〉의 다음 편을 읽을 수 있는 즐거운 날이었던 어린 시절을 몸이 기억하기 때문이다. 그 무렵 〈주간 소년 점프〉를 읽었던 덕인지 월요일이 오면 마음이 밝아지는 감각이 아직까지도 남아 있다.

일본에서는 〈주간 소년 점프〉가 발매되는 매주 월요일이 되면 그것만으로 기분이 좋아져서 생활 리듬이 생겨난다는 사람이 많다. 이는 점프에 실린 만화 작품의 매력일 뿐만 아니라 〈주간 소년 점프〉라는 정기 잡지가 가진 힘이다.

이 라이프 스타일을 만들고 관여하는 부분이 그 무엇과도 바꿀 수 없는 잡지의 좋은 점이다. 좋아하는 잡지가 두세 종류 정도 있기만 해도 인생이 조금 더 밝아질 수 있다.

일본 최고의
교양인이 되기까지

베스트셀러 작가의 교양 쌓기

나라를 위해
연구하려는 마음

나는 서른세 살까지 일정한 직업을 갖지 못했고 수입도 없었다. 순풍에 돛을 단 배처럼 만사가 순조롭지도 않았고, 특히 경제적으로 잘 풀리지 않았다. 이렇게 불우한 시기에도 나 자신을 잃지 않은 이유는 근본에 향상심과 향학심을 최상위에 놓는 가치관을 가지고 살았던 것과 나라를 생각하는 마음이 있었기 때문이다.

나라를 위하는 마음은 초등학생 때 사회 과목에서 가공무역이라는 것을 배우며 싹텄다. 자원이 부족한 나라는 석유나 철광석 등의 원료를 해외에서 수입해 국내에서 가공하고 수출해 나라를 유지한다. 그러나 이 구조는 해외에서 자원이 들어오지 않거나 자원을 가공해서 상품으로 바꾸는 기술이 사라지면 그 즉시 파탄한다. 초등학생 때 이런 내용을 배운 후 나는 충격을 받았다.

중학생 때는 가쓰 가이슈가 쓴 《히카와 세이와》를 읽고 감명을 받았다. 그는 막부 말기의 최종 국면에서 쇼군(막부의 수장—옮긴이) 도쿠가와 요시노부로부터 막부의 군사 총재로 임명을 받았고 신 정부군과의 회담에서는 도쿠가와 가문을 존속시키는 대신 에도성을 넘겨주는 무혈입성을 결단했다. 막부의 신하면서도 도쿠가와 막부를 해체했다.

다른 막부 관료는 철저히 항전을 외치는 사람들뿐이었기 때문에 그 의견에 따라 줏대 없이 움직이는 편이 어떤 의미에서는 편했을 것이다. 하지만 일본 해군의 증강에 애써 온 가쓰 가이슈에게는 막부라는 존재를 고집하며 나라를 망치면 안 된다, 열강의 위협을 물리치고 나라를 지키는 것이 중요하다는 신념이 있었다. 그래서 다른 막부의 신하들이 자신을 배신자라고 부르는 것도 각오한 후에 새 시대로 이행시키는 것을 선택했다.

그러한 가쓰 가이슈의 자서전을 중학교 시절에 읽었고 '나도 가쓰 가이슈처럼 이 나라를 지키고 싶다'는 마음이 강해졌다. 또한 어린이 나름대로 '앞으로 침몰에서 벗어나려면 어떻게 해야 할까'라고 생각하며 '우리의 머리를 더욱더 좋게 해야 한다'

는 대답을 찾아냈다. 늘 뭔가를 연구하며 국민적인 능력을 유지하는 것이 나라에 도움이 된다고 생각했다.

가장 가치 있는 일에 대한
고민

이런 초, 중학생 시절을 거쳐서 고등학교에 입학하고 드디어
입시를 치르는 시기를 맞았다. 그때는 무엇을 위해서 대학에
갈 것인가 스스로에게 묻고 가치 있는 일을 하기 위해서라고
결론을 내렸다.

여기서 말하는 가치 있는 일이란 개인적으로 높은 사회적 신
분을 얻을 수 있는지, 풍족한 생활을 할 수 있는지 여부와는 상
관없이 '나라에 중요한가'라는 의미다. '나라에 가장 가치 있는
일을 할 수 있다면 그야말로 나에게 최고의 행복이다', '그 일은
무엇일까?'라고 좀 더 생각한 끝에 고등법원 판사가 머릿속에
떠올랐다.

내가 중, 고등학생이었던 당시 역사학자 이에나가 사부로가 나라를 상대로 고소한 '이에나가 교과서 재판'이라고 하는 재판이 세상의 주목을 받았다. 이에나가 사부로가 집필한 고등학교 일본사 교과서의 기술에 관해 문부성(현 문부과학성. 한국의 교육부, 과학기술정보통신부, 문화체육관광부를 합친 역할을 함—옮긴이)이 검정에서 불합격시켰다. 이에 이에나가 사부로가 불복하며 애초에 교과서 검정은 헌법 위반이라며 국가를 고소한 재판이었다.

당시 나는 이 재판의 보도를 통해서 법원의 판결로 이 나라 교육의 행방도 정해진다는 사실을 강력하게 느꼈다. 또한 자신이 내리는 판결로 행정과 국민 생활에 관해 일정한 기준을 제시하는 고등법원의 일이 한 개인이 하는 일로서 매우 가치가 있다고 느꼈다. 그래서 고등법원 판사가 되겠다는 목표에서 역산하여 이를 이루려면 어떻게 해야 할 것인지 생각하여 도쿄대학교 법학부를 목표로 하겠다는 결론을 내렸다.

그러나 실제로 법학부에 입학한 후 내가 성격적으로 법률의 세계에 그다지 어울리지 않는다는 사실을 깨달았다. 법률이라는 세계는 치밀한 논리만으로 구성되기 때문에 논리력을 활용할 수 있는 직업이라는 의미에서는 나쁘지 않았지만 개인적으로는 논리뿐만 아니라 좀 더 총체적인 인간을 주제로 삼고 싶었다.

그런 의미에서 법률은 문학이나 철학, 예술 등의 분야에 비해 취급하는 세계가 한정적이라 어딘지 부족하게 느껴졌다. 판사는 근엄하고 올곧게 눈앞에 주어진 일을 처리해야 한다. 그에 비해 나는 좀 더 독자적인 사상을 만들어 내고 싶었다는 것을 입학한 후에 깨달았다.

고등학교 시절부터 신체 기법에 관심이 있어서 계속 운동을 했다. 인간이라는 존재는 몸을 기반으로 사는데, 이 몸에는 고유의 지혜가 있다. 우리는 무도 등을 통해서 몸의 지혜를 살리고 인재를 육성해 왔다. 그런데 현대의 교육에서는 그런 지혜가 없어졌다. 이러한 발상이 그 무렵부터 막연히 생겼다.

대학 시절에는 드디어 신체 기법의 연구에 몰입하기 시작했다. 요가와 무도, 자율훈련법과 체조 등 여러 도장과 교실을 다니는 동안 몸의 지혜를 활용하는 기법의 체계를 나름대로 파악했다. 그러자 점점 그런 신체 기법, 특히 호흡법을 모든 사람과 공유하고 싶어졌다.

호흡이라는 것은 누구나 당연히 하는 행위이지만, 이를 자각하고 올바른 방법으로 숨을 한 번 쉬면 어떤 때든지 혼란 상태에 빠지지 않고 평상심을 되찾을 수 있다. 공부에 집중하지 못하는 아이도 이 호흡법을 세 번 따라 하면 집중할 수 있다.

아이 교육에 의의가 있다고 생각한 나는 점점 호흡법을 중심으로 한 교육법을 널리 알리고 싶어졌다. 그런 이유로 판사가 되기를 관두고 대신에 NHK에 들어가는 것으로 진로를 바꾸었다. NHK의 교육TV에서 프로그램을 제작하는 입장이 되면 내 생각을 세상에 널리 전할 수 있을 것이라고 생각했다. 하지만 NHK의 직원도 회사원이라서 그렇게 자기 마음대로 프로그램을 만들 수 있는 게 아니라는 사실을 알고 또 단념했다. 어쩌면 나는 철두철미하게 내 마음대로 하고 싶은 인간일지 모른다.

이러한 우여곡절 끝에 대학원에 진학해서 교육학을 연구하기로 마음을 정했다. 원래 판사가 되겠다고 한 것도 앞서 말한 교과서 재판이 계기였을 정도라서 교육에는 처음부터 관심이 있었다. 그래서 차라리 교육의 사상가, 연구자가 되는 것이 좋겠다고 생각했다. 그래서 법학부를 졸업한 후 도쿄대학교 대학원 교육학연구과에 진학했다.

'우리의 머리를 좋게 하자'라는 나라를 생각하는 마음에서 직업 선택에 우왕좌왕했지만 스스로는 근본에 변함이 없다고 생각한다. 하지만 그때부터 무직의 긴 여행길이 시작되고 말았다. 도중에 '이럴 줄 알았으면 문부성을 목표로 할 걸……'이라고 조금은 후회하기도 했다.

긴 대학원 생활을 거쳐서 메이지대학교에 취직한 서른세 살

때부터 겨우 착실한 수입을 얻을 수 있었다. 그 시점에는 이미 결혼해서 아이도 있었지만, 대학원에 너무 오랫동안 다닌 결과 만기 퇴학해서 소속도 사라지고 말았다. 그렇게 완전한 무소속, 거의 무급 상태로 메이지대학교의 공모에 응모했다가 채용되었다.

불우한 시기를 견뎌내는
마음가짐

오랫동안 일정한 직업이 없는 생활을 어떻게 견딜 수 있었을까? 아무래도 내 안에서 초, 중학생 시절부터 품었던 뜻이 변함없었기 때문인 듯하다. 또 언젠가 반드시 시대가 내 뒤를 쫓아올 것이라는 의식이 강하게 있었다.

내 경우 연구하는 대상이 요가나 중국의 도교 등 수천 년 전부터 내려온 인류의 유산이므로 내가 너무 앞서간다기보다 옛시대로 지나치게 거슬러 올라갔다는 표현이 옳을 수도 있다. 하지만 언젠가는 때가 올 것이다, 내 사상을 세상에 널리 알리는 시기가 반드시 올 것이라는 이미지를 갖고 있었다. 당시의 나는 지금은 내가 '모아두는 시기', 즉 언젠가 폭발적으로 세상에 알리는 시대를 준비하는 시기라고 판단했다.

그 무렵에 소설가인 무라마쓰 도모미의 기사를 읽은 것도 버팀목이 되어 주었다. 그는 40대가 된 후 나오키상을 수상한 것을 계기로 인기를 얻기 시작했다. 그 후에는 매달 책을 내는 인기 작가가 되었다. 당시에는 너무 많은 작품을 쓴 탓에 주위에서 "어떻게 그렇게 많은 책을 그렇게 빨리 쓸 수 있는 거야?"라며 이상하게 여겼다고 한다.

사실 그가 그 정도로 작품을 양산할 수 있었던 이유는 무명 작가였던 시절에 많은 작품을 써 놓았기 때문이었다. 이미 써서 모아 놓은 작품을 출고한 것이다. 이 사실을 알고 어쨌든 나도 세상과 적절한 각도에서 관계를 맺을 때 지금 하고 있는 일이 무라마쓰 도모미가 써 모은 소설과 마찬가지로 반드시 도움이 될 것이라고 믿기로 했다.

어떤 사람의 인생에나 불우한 시기가 존재한다. 이를 훗날을 위해 모으는 시기로 만들 수 있느냐, 암흑의 시기가 될 것이냐는 그때의 본인이 행동하기에 달렸다. 그럴 때 뜻과 향상심은 좋은 뒷받침이 되어 준다.

세상의 평균을 뛰어넘는
나만의 힘 기르기

　그러나 불우한 시기를 모으는 시기로 받아들이며 한눈팔지 않고 열심히 정진하려면 그 사람이 목표로 하는 분야에서의 '시세'를 알아두어야 한다. 나는 이 또한 책에서 배웠다. 여기서 말하는 시세란 주식이나 선물의 시세를 말하는 것이 아니라 어떤 것이 세상에서 통할 만한 상식적인 수준이라는 의미다.

　내 경우에는 연구 성과를 책이라는 형태로 내놓고 싶다는 강력한 바람이 있었다. 인간에게는 수명이 있기에 몇 백 년이나 살 수 있는 사람은 없다. 하지만 어떤 책들은 시대를 뛰어넘어 꾸준히 읽히며 전 세계에 독자를 보유하고 있다. 문장이나 책은 시대를 초월하는 기념비와 같은 존재가 될 수 있기에 반드시 책을 쓰고 싶다는 마음이 있었다.

하지만 세상에는 이미 많은 책이 나와 있기 때문에 내가 책을 내려면 그 저자들의 수준을 뛰어넘어야 한다는 것이 전제가 된다. 이 수준이 나에게는 '시세(일반적인 통념)'다.

집안에서 뒹굴뒹굴하며 "나도 프로 야구 선수가 될 수 있다"고 쓸데없이 한탄하는 사람은 없을 것이다. 프로 야구 선수가 되고 싶다면 어떻게든 이르러야 하는 일정한 수준이 있다는 사실은 누구나 알고 있다. 자신이 시세에 이르렀는지, 이를테면 시속 150킬로미터의 공을 칠 수 있는지 시도해 보아야 한다.

나는 내가 쓰는 글이 시세보다 위인지 아래인지 알기 위해서라도 수많은 문장을 썼다. 또한 대학생 때는 내 저작물을 객관적으로 읽고 상업 출판으로 통용되는 수준에 있다고 생각했다. 그렇기에 '분명히 언젠가는 출간할 수 있을 것이다'라고 믿으며 지낼 수 있었다.

실제로 책을 내기까지는 그로부터 20년 정도의 시간이 걸렸다. 그래도 마흔 살 무렵에 낸 《소리 내서 읽고 싶은 일본어》는 다행히 베스트셀러가 되었다.

시대를 초월한
신체문화와 정신문화의 계승

《소리 내서 읽고 싶은 일본어》를 출간하자마자 어떤 제안을 받았다. 이 책의 내용을 토대로 해서 〈일본어로 놀자〉라는 프로그램을 만들려 한다는 NHK 교육TV의 제안이었다. 여기에는 학부생 시절 NHK에 들어가서 일하고 싶었던 바람이 돌고 돌아서 실현된 것에 신기한 인연을 느꼈다.

〈일본어로 놀자〉의 콘셉트는 일본어 명언이나 뛰어난 글의 재미를 몸소 느끼며 놀아 보자는 것이다. 시대를 초월해서 계승되는 명언이나 글에는 그 말을 남긴 사람의 정신이 담겨 있다. 이를 계승하려면 단순히 글자의 연결로 읽을 뿐만 아니라 자신의 몸을 통해서 봐야 한다.

이를테면 무도에서는 훈련하기 전과 후에 정좌를 하고 "잘 부탁합니다", "감사합니다"라고 인사하는 관례가 있다. 이는 정좌라는 신체 행위와 함께, 단어를 소리 내어 말하면 그 말이 몸으로 흘러들어 무도를 하는 사람의 정신성을 만드는 것이다.

뛰어난 글도 몸소 느끼면 그 글을 쓴 사람의 정신성을 자신에게 흘러들어 오게 할 수 있다. 예시로 다음의 글을 보자.

산길을 오르면서 이런 생각을 했다.

이지만 따지면 모가 난다. 감정에 치우치면 남에게 휩쓸리게 된다. 고집을 부리면 외로워진다. 여하튼 인간 세상은 살기 어렵다. 살기 어려운 것이 심해지면 살기 쉬운 곳으로 옮기고 싶어진다. 어디로 이사를 해도 살기가 쉽지 않다고 깨달았을 때 시가 태어나고 그림이 생겨난다.

인간 세상을 만든 것은 신도 아니고 귀신도 아니다. 역시 가까운 이웃들과 오가는 보통 사람들이다. 보통 사람들이 만든 인간 세상이 살기 힘들다고 해서 옮겨 갈 나라는 없을 것이다. 있다면 사람도 아닌 사람의 나라일 뿐이다. 사람도 아닌 사람의 나라는 인간 세상보다 더 살기 힘들 것이다.

옮겨 갈 수도 없는 세상이 살기 힘들다면 살기 힘든 곳을 어느 정도 편하게 만들어 짧은 순간만이라도 짧은 목숨이 살기 좋게 해야 한다. 이에 시인이라는 천직이 생기고 화가라는 사명이 주어지는 것이다. 예술을 하는 모든 이는 인간 세상을 느긋하게 만들고 사람의 마음을 풍요롭게 하는 까닭에 소중하다.

이 글은 나쓰메 소세키가 쓴 《풀베개》의 서두 부분인데, 이 글과 미야자와 겐지의 《비에도 지지 않고》 등을 암송하며 몸에 깊이 스며들게 하듯이 외웠을 때 나쓰메 소세키와 미야자와 겐지의 정신성을 받아들일 수 있다. 이는 묵독만으로는 절대로 할 수 없는 일이다.

고등학교 때부터 생각한 신체문화, 정신문화를 계승해서 인재를 육성하겠다는 것을 이런 식으로 실현했을 때 교육의 길로 나아가길 잘했다고 진심으로 느꼈다.

교육과 배움은
모두 축제다

돌이켜 보면 교육의 길은 나에게 천직이었던 것 같다. 교육과 배움의 근본적인 의미는 지적인 행위에 자극을 받으며 살아가는 기쁨과 통한다.

애초에 나에게 배움과 교육은 축제이자 잔치다. 교육이나 배움을 축제라고 생각하는 사람은 적을지 모른다. 교과서에 쓰여 있는 내용을 외우고 시험지에 써서 점수를 받는 것이라고 생각할 수도 있다. 그러나 소크라테스의 말로 소개했듯이 지성의 시작은 놀라움이다. 이 놀라움은 일상이 요동치는 감각 때문에 신나는 것이므로 매우 축제적이다.

만약 태양이 지구의 둘레를 돈다고 믿었던 시절이라면 실제로는 지구가 태양의 둘레를 돈다는 것을 발견한 사람들은 그때까지 믿었던 상식이 무너지는 감각을 느끼고 흥분해서 의욕이 솟았을 것이다. 안다, 배운다라는 행위는 그러한 비일상성을 본질적으로 동반하기 때문에 지식을 전수하는 수업이 신나지 않을 리가 없다.

그런데도 학교 수업이 시시하게 느껴지는 사람이 많은 것은 교과서의 내용을 단순히 왼쪽에서 오른쪽으로 전달할 뿐인 수업이 되었기 때문이다. 이래서는 냉동식품을 그대로 먹는 것과 다름없다. 교사의 역할은 이를 해동해서 따뜻하게 해주거나 살짝 간을 더해서 학생들에게 해당 식품의 맛을 알게 하는 것에 있다.

그래서 내 수업에서는 앞을 내다볼 수 없는 일도 포함해서 신나는 일을 가장 중요시한다. 이렇게 하면 "와!", "정말로!?"라는 감동이 에너지로 변화하여 교실에 가득 찬다. 그런 축제적인 학문과 교육의 자세야말로 내가 추구하는 이상형이다.

한 명의 선생님에게
50만 명에 달하는 미래의 아이들이 있다

교사로서 교직 과정에서의 지도를 통해 훗날 중, 고등학교 선생님이 되기를 목표로 하는 학생들에게 학문과 삶을 알려주는 일에 특별한 보람을 느낀다.

메이지대학교의 교직 과정에서 내가 일 년 동안 가르치는 학생은 300명이 넘는다. 이 과정을 이수한 학생들이 다 학교 선생님이 되는 것은 아니지만 그중 50명 정도는 교사의 길을 걷는다. 이렇게 교사가 된 이들이 또 연간 250명 정도의 학생을 상대로 수업한다(중, 고등학교의 경우 이 정도의 학생 수는 일반적이다). 그들이 정년까지 40년 동안 교사 생활을 계속한 경우 지도하는 학생 수는 총 1만 명에 달한다.

이를 다 곱하면 50명(1년에 지도하는 학생 중 교사가 되는 인원 수)×1만 명(그 사람이 앞으로 가르칠 학생 수)이므로 총 50만 명이다. 즉, 나는 대학의 교양 과정에서 수업하면서 해마다 미래의 중, 고등학생 50만 명을 간접적으로 가르치는 것과 같다. 그 50만 명과 나는 지성을 함께 나눈다는 계산이 된다.

중, 고등학교의 수업을 극단의 공연, 학생들을 관객으로 간주하면 교사는 한 주에 몇 번이나 공연(수업)하게 된다. 한 사람당 100회 이상 공연한다면 그 관객(학생) 동원 수는 40년 동안총 100만 명을 넘는다는 엄청난 숫자가 나온다. 이는 단순히 계산상의 숫자지만 교육이 가지는 활동성을 느끼지 않을 수 없다. 그런 것을 생각하는 덕에 나는 매번 수업할 때마다 흥분을 멈출 수 없다.

물론 교직 과정을 이수하는 학생 중에는 선생님이 아닌 다른 진로를 선택하는 사람도 많다. 다른 진로를 택한 졸업생들도 각자의 분야에서 열심히 노력하고 있다. 예전에 〈올스타 감사제〉라는 프로그램에 개그 콤비 아사가야 자매의 언니인 와타나베 에리코와 함께 출연했는데 녹화 후 그녀가 "선생님" 하고 말을 걸었다.

나는 전부터 〈The God Tongue〉 등의 버라이어티 프로그램을 통해서 아사가야 자매의 콩트를 자주 봤고 그녀들의 엄청난 팬이었다. 직접 말할 기회를 얻은 것이 기뻐서 팬이라는 것도 이야기했더니 "아니에요. 선생님, 전 선생님의 수업을 받았어요"라고 해서 깜짝 놀랐다. 듣기로는 와타나베 에리코가 메이지대학교 재학 중에 국어과 선생님이 되기 위한 과정을 이수했고, 그 수업의 술자리에도 참여한 적이 있었다고 한다.

제자가 졸업 후에 나아간 분야에서 저마다 열심히 노력하는 모습을 보는 것은 정말로 자극이 된다. 이는 내가 길러 온 지적 교양이 학교라는 장소를 뛰어넘어 계승된 것이나 다름없기 때문이다.

실력보다도 기회로
인생이 좌우되는 현실

많은 졸업생 중에는 좀처럼 자신에게 어울리는 활약의 장을 얻지 못하고 괴로워하는 사람도 있다. 또 이 책을 읽는 독자 중에도 분명히 그런 사람이 있을 것이다. 그중에는 '나는 이미 이 정도'라고 단념하며 자기 비하에 빠지는 사람도 있을 수 있다.

대부분의 졸업생들을 지켜본 결과, 인생이라는 것이 어떻게 기회로 좌우되는지 실감하게 되었다. 내가 이렇게 교육자로서 행복한 길을 걷게 된 것도 대학에 취직하는 기회를 얻었기 때문이다.

어느 분야든지 성공하는 데 필요한 최소한의 실력 수준이라는 것이 있다. 그 기준을 만족하는 사람끼리 경쟁할 때는 기회를 얻을 수 있는 횟수 혹은 기회를 얼마나 쉽게 잡을 수 있느냐에 따라 성공할 확률이 상당히 달라진다.

1장에서 부모 뽑기라는 말을 소개했는데, 2세 국회의원이나 2세 배우, 또는 동족 경영 회사의 후계자 등 2세의 입장에 있는 사람이 매우 행운인 것은 분명하다. 평범한 사람이 배우가 되려고 할 때는 먼저 극단이나 배우 양성소에 소속되어 연기력을 연마하고 작은 무대에 서며 몇 번이나 기회가 오기만을 기다리는 일이 매우 흔하다. 그러나 연예인 2세로 태어난 사람이면 주위에서 해 보라며 제안해서 가볍게 도전할 수 있다.

도전해 본 결과가 좋으면 "오, 잘하네!", "역시 ○○의 자식일 만하네"라고 평가를 얻기도 할 것이다. 그러나 결과가 좋았다고 해도 그 역할이나 일을 꼭 그 사람만 맡아야 했을까? 사실은 그렇지도 않은 느낌이 든다.

경쟁이 심한 실력주의 업계가 있다고 해도 적어도 그 세계의 입구까지 데려다 주는 골든 티켓을 가진 사람과 그 입구에 서기까지만 해도 몇 년이나 걸리는 사람은 완전히 다르다. 하지만 입구에 도달하기 어려운 사람도 실제로 입구를 빠져나가면 대부분의 경우는 확실히 감당해 내지 않을까?

그렇게 생각하는 이유는 지금까지 가르쳐 온 졸업생들의 얼굴을 떠올려 봤을 때 인기가 있어서 들어가기 어려운 업계에서 활약하는 사람과 희망하는 업계에 들어가지 못한 사람 사이에 그 정도의 근원적인 차이가 있는 것처럼 생각할 수밖에 없기 때문이다.

예를 들면 아나운서라는 일은 매우 전문성이 높고 경쟁률도 높은 일이라서 내 제자 중에서도 아나운서가 된 사람은 겨우 몇 명뿐이다. 그러나 그런 어려운 일이라도 '그들이 되었다면 이 학생도, 또는 그 학생도 될 수 있을까?'라고 생각할 수 있는 사례가 가끔 있다.

물론 이것이 프로 스포츠와 같은 실력 본위로 이루어진 세계라면 그 경쟁은 정말로 유례가 드문 소질을 가진 사람이어야 살아남을 수 있다. 왕년에는 유명했던 선수의 자식이라도 프로에서는 통하지 않거나 프로가 되지 못했다는 사례가 압도적으로 많다.

단, 그렇게 매우 특수한 세계가 아닌 한 기회만 얻을 수 있으면 누구든지 착실히 노력해서 나름대로의 성과는 낼 수 있지 않을까? 그러므로 찾아온 기회를 어떻게 붙잡느냐는 인생에서 매우 중요하다.

지금 당장 대역이 될 수 있을 정도로 준비한다

그럼 찾아온 기회를 붙잡으려면 어떻게 해야 할까? 먼저 언제 기회가 와도 괜찮도록 준비해 놓는 것이 중요하다.

앞에서 말한 배우를 예로 들면 인기 없는 시기에 연기할 수 있는 역할의 범위를 늘려 놓고 어떤 역을 맡아도 할 수 있다는 자신감을 갖는 것이다. 배우의 세계에는 조연으로 출연하다 중년이 된 후에 갑자기 활약하는 사람이 있다. 그런 사람들은 분명히 무명 시기에도 경험을 쌓은 사람들일 것이다.

만약 앞으로 책을 쓰고 싶다면 쓰고 싶은 책의 기획을 많이 써서 모아 놓는다. 나도 책을 낼 때는 제목이나 목차 구성이 머릿속에서 이미 마무리된 경우가 대부분이다. 실제로 모아 놓은 것을 그대로 내놓는 것은 아니라 해도 '기회가 오면 나는 이 것을 하겠다!'라는 이미지가 있으면 모으는 시기의 괴로움도 견디기 쉬워진다.

세계적인 거장 구로사와 아키라 감독도 조감독 시절에 날마다 최소 한 편은 그림 콘티나 각본 아이디어를 썼고 밖에서 술을 마시고 집에 돌아온 날에도 그 할당량을 채웠다고 한다. 그 노력이 결실을 맺어 조감독에서 감독으로 승격하는데 감독이 된 후에도 똑같은 할당량을 자신에게 계속 부과했다. 이는 영화업계 전체가 사양길로 접어들어 좀처럼 완벽주의를 고수하며 작품을 찍을 수 없었던 60대 이후의 시기에도 계속됐다고 한다.

구로사와 아키라 감독 정도의 거장이라도 어려운 시기는 있었기 때문에 다른 예술가나 일반인이라도 어려운 시기, 불우한 시기가 있는 것은 당연하다. 그러나 그런 때라도 어디에서 누가 볼지 알 수 없으며 언제 말을 걸지도 모른다. 그런 기회가 언제 찾아오든 항상 대응할 수 있게 준비해 놓는 것은 분명히 도움이 된다. 준비하는 것 자체가 어려움을 극복하는 원동력도 된다.

극단의 공연에서 주인공이 사고로 출연하지 못해서 대역을 찾아야 할 때 단역인 여배우가 주인공의 대사를 암기하고 있어서 발탁되었다는 것은 연극을 소재로 한 만화나 드라마 등에서 흔히 볼 수 있는 패턴이다.

물론 픽션이라고는 해도 그때까지 어떤 일을 정식으로 하던 사람이 빠졌을 때 대리로 들어온 사람이 좋은 평가를 받아서 그대로 그 일을 맡는다는 것은 현실사회에서도 있는 일이다. 이런 식으로 일을 얻는 힘을 나는 '대리력'이라고 부른다.

철강왕 앤드류 카네기도 이 대리력으로 기회를 잡았다고 자서전에 썼다. 소년 시절부터 성공하려면 어떻게 해야 할지 생각한 카네기는 주위의 모습을 보며 일하던 전신국에서 누군가가 쉴 때 그 사람의 일을 대신 맡듯이 했다고 한다.

이는 뒤집으면 지금의 입장을 후진에게 빼앗기지 않으려면 절대로 쉬지 않는 것이 철칙이라는 말이 되기도 한다. 쉬면 그동안에 다른 사람이 대리로 일을 맡으며 더 좋은 평가를 받을지도 모른다.

예를 들면 자신에게 걸맞지 않은 업무가 분담되어 불만을 느낄 때도 '이 일은 내 일이 아니야'라고 생각하지 말고 제대로 임하면 누군가는 그 사람의 일하는 모습을 봐 준다. 거기서 좋은 평가를 얻으면 자신은 다른 부서에서 일하고 싶다는 희망도 들어줄지 모른다.

중요한 것은 기회가 왔을 때를 대비해서 모으는 시기에 자신의 경험을 늘려 놓는 것이다. 지켜봐 준 사람이 "기획이 있으면 내 봐"라고 했을 때 20개든 30개든 낼 수 있게 준비해 놓는다. 그 정도의 기세가 있어야 한다.

교양은
적극적으로 나서서 쌓아야 한다

모으는 시기에 대리력을 단련해 놓으려고 하면 필연적으로 수동적인 삶으로 지낼 수 없다.

나는 재수해서 대학교에 들어갔기 때문에 대학 합격 시점에서 교양에 대한 굶주림이 점점 심해졌다. 입시 공부 중에는 꾹 참았지만, 여러 분야의 일을 배우고 교양을 흡수하고 싶다는 욕구로 넘쳤다.

그래서 대학 입학 전의 봄방학 때는 친구와 둘이서 교양을 위한 합숙까지 했다. 학부를 건너뛰고 대학원 입시용 참고서를 입수해 그 참고서의 요점을 정리하기 위한 카드까지 대량으로 만들며 둘이 함께 닥치는 대로 읽었다.

합숙의 첫 4일 동안 심리학의 기초적인 공부를 끝내고 다음 4일 동안 사회학을 습득하는 식으로 공부했다. 그 덕에 대학 입학 시점에서 상당한 지식을 익힐 수 있었다. 내가 입학한 도쿄대학교에서는 1학년이 모두 교양학부 수업을 듣는다. 그래서 나는 교양학부에서 가르쳐 주는 선생님들의 강의를 '내가 이 선생님처럼 말할 수 있을까?'라는 시점으로 들었다.

교양학부에는 유명한 사회학자도 있어서 내가 그 수준의 강의를 할 수 있을 것이라고는 생각할 수 없었다. 물론 건방지지만 '이 선생님의 강의라면 나도 할 수 있겠다'라고 생각하는 선생님도 있었다.

성격이 비뚤어진 것이 아니라, "주말 강의에서 선생님은 쉬세요. 제가 대신하겠습니다!"라고 말할 수 있는 수준에 이르겠다는 의식으로 강의를 들었다. 이른바 '당사자 의식'을 가지니 몇 백 명이나 되는 학생이 모이는 대교실에서의 강의라도 수동적으로 듣지 않고 긴장감을 가지고 집중할 수 있었다.

이 '선생님의 입장이 될 수 있는지 생각하며 듣는다'는 방법은 모두에게 추천한다. 사회인이라면 상사나 선배의 입장이 될 수 있는지 상상해 가며 일해 보면 어떨까?

세계의 넓이를 아는 지성은
마음까지 강하게 만든다

이 책의 프롤로그에 내가 새내기 대학생들의 첫 수업에서 하는 질문을 실었다.

"여러분 앞에는 두 개의 갈림길이 있습니다. 하나는 교양인의 길, 다른 하나는 교양과 무관한 길입니다. 어느 쪽으로 가겠습니까?"

사실은 이다음에 "대학에 들어온 이상 이쪽(교양의 길)뿐이지요?"라고 유도해서 "교양인으로 나아가려면 데카르트는 알아야 합니다. 데카르트의 《방법서설》은 130쪽 정도의 얇은 책이

니까 읽어 봅시다"라며 이야기를 진행한다. 그렇게 하는 것도 결국 교양이야말로 이 세상과 인생을 재미있게 해 주는 존재라고 확신하기 때문이다.

사람이 살아가는 데 중요한 것 중에는 돈이 있다. 교양과 지성이 없어도 돈은 벌 수 있다. 앞에서 말한 두 개의 길 중 교양이 없는 길로 나아가더라도 행복해질 기회는 많다. 그러나 그럼에도 교양인의 길을 걷겠다고 결심하면, 그때부터는 금전적인 가치와는 다른 행복이 기다린다.

교양과 지성이 있는 사람에게 이 세상은 자신의 호기심을 자극하는 것들로 차고 넘친다. 여기를 가도 저기를 가도 자극이 있다. "이 얼마나 즐거운 세상인가!" 하고 온 세상이 빛나 보일 것이다. 교양이 주는 행복 중 하나는 자신이 날마다 성장하고 있음을 실감할 수 있다는 점이다. 예를 들어 영화 한 편을 보기 전과 후에도 자신이 조금 달라진 것을 실감할 수 있다.

최근에는 LGBTQ를 그린 영화가 늘고 있으며 나도 그중 몇 편을 봤다. 그런데 이 영화들을 보기 전과 후로 내 감각이 변화한 것을 느꼈다. 어쩌면 전에는 게이 등 성적 소수자들을 받아들이기 어렵다고 느꼈을지도 모르던 의식이 영화를 보며 달라지고 위화감도 사라진 것을 실감하고 있다. 영화뿐만 아니라 교양에는 그러한 힘이 있다.

이를테면 다니자키 준이치로의 《음예 예찬》을 한 번이라도 읽은 사람은 '그늘'이라는 존재에 대한 의식이 그 전까지와는 전혀 달라졌을 것이다. 또는 양갱을 먹을 때마다 이 책에서 다니자키 준이치로가 '햇빛을 흡수해서', '암흑이 하나의 달콤한 덩어리가 되어'라며 이 음식에 포함된 그늘의 그윽한 정취를 묘사한 장면을 떠올리는 사람도 있을지 모른다.

양갱에 대해서는 나쓰메 소세키도 《풀베개》에서 '그 촉감이 매끄럽고 치밀한데다가 반투명한 속에 광선을 받아들일 때는 아무리 봐도 하나의 미술품이다. 특히 푸른빛을 띤 반죽은 옥과 납석의 잡종 같아서 보고 있으면 매우 기분이 좋다'고 칭찬했다.

나는 이 책들을 읽었기에 두 문호를 연상하지 않고서는 양갱을 먹지 못한다. 당신도 그런 감각의 변화, 비포 애프터를 실감하기 바란다.

이 책을 다 읽은 사람은 세계 곳곳에 흩어져 있는 지적인 자극 중 자신이 무엇으로 향상되고 고양될 수 있는지 목록을 만들어 보는 방법을 추천한다. 그렇게 목록을 나열해 보면 '나에게 지적인 자극을 주는 존재가 이 세상에 이렇게나 많구나' 하고 실감하며 기대하게 될 것이다. 그렇게 되면 이제는 한 가지 고민거리로 머릿속이 꽉 차서 아무것도 할 수 없다고 하는 일은 조금씩 사라질 것이다.

연애에서 실패하는 시기, 학업이 잘 안 풀리는 시기, 일로 인정받지 못하는 시기가 있다고 해도 그런 일 때문에 세상이 사라지지는 않는다. 그 문제는 여전히 존재하지만, 세상에는 늘 훌륭한 다른 선택지가 있어서, 교양과 지성을 가지면 그 선택지와의 접점을 가질 수 있다. 그렇게 세상을 향해 다면적인 흥미를 가지며 자신의 고민거리를 사소하게 느꼈으면 좋겠다.

교양을 바탕으로 하여 여간해서는 무너지지 않는 강인한 정신력을 얻기를 바란다. 지적인 축적이 늘어나고 경험을 쌓을수록 사람의 마음은 강해진다. 당신이 지금 몇 살이든 지금의 자신은 인생에서 멘탈이 가장 약한 시기라고 생각하고, 앞으로의 기나긴 지적인 모험을 떠나기 바란다.

지금에 이르는 인생에 후회가 있다고 해도 생활은 이어진다. 배우는 즐거움을 음미하기에 늦었다는 경우는 없다. 지금부터라도 생활에 지적인 자극을 받아들여서 자기향상심으로 가득 찬 보람 있는 인생을 보내자.

마지막으로 지금 이 문장을 쓰고 있는 2022년 3월, 러시아의 우크라이나 침공(침략)이 심해지고 있다. 이는 전쟁이라기보다 대량 학살이다. 지성과 교양이 매우 결여된 만행이다.

앞으로 어떻게 해야 할 것인지, 진정으로 강한 지성과 교양이 시험받는 시대가 왔다고 느낀다. 종합적인 지성을 결집하여 세계적인 위기를 극복하도록 해야겠다.

사이토 다카시

말, 태도, 생각을 품위 있게 바꾸는 법

교양의 힘

인쇄일 2022년 11월 9일
발행일 2022년 11월 16일

지은이 사이토 다카시
옮긴이 김한나
펴낸이 유경민 노종한
책임편집 김세민
기획편집 유노책주 김세민 **유노북스** 이현정 류다경 함초원 **유노라이프** 박지혜 장보연
기획마케팅 1팀 우현권 **2팀** 정세림 유현재 정지안
디자인 남다희 홍진기
기획관리 차은영
펴낸곳 유노콘텐츠그룹 주식회사
법인등록번호 110111-8138128
주소 서울시 마포구 월드컵로20길 5, 4층
전화 02-323-7763 **팩스** 02-323-7764 **이메일** info@uknowbooks.com

ISBN 979-11-92300-36-8 (03190)

• ─ 책값은 책 뒤표지에 있습니다.
• ─ 잘못된 책은 구입한 곳에서 환불 또는 교환하실 수 있습니다.
• ─ 유노북스, 유노라이프, 유노책주는 유노콘텐츠그룹의 출판 브랜드입니다.